裁判員裁判の現在
その10年の成果と課題

一橋大学刑事法部門=編集

葛野尋之=編集代表

現代人文社

はじめに

　本書は、一橋大学の主催による 2020 年度公開講座「裁判員制度のいま」
をベースにして編集・執筆されたものである。同公開講座は、国立市、小
平市、立川市、国分寺市、府中市、武蔵村山市各教育委員会の後援を得
て、新型コロナウイルス感染症の感染拡大のために、オンライン・シンポ
ジウムとして実施された。2020 年 11 月 7 日、一橋大学国立キャンパス
においてパネリストが行ったプレゼンテーションとコメントを撮影した動
画は、2020 年 12 月 25 日から翌 21 年 3 月 26 日までウェッブ配信された。
海外からの視聴も含め、総再生回数は 2,281 回に達した。

　シンポジウムを企画したのは、一橋大学大学院法学研究科の刑事法部門
に所属する教員 5 人である。この 5 人に、一橋大学法学部卒業・同法科大
学院修了の贄田健二郎弁護士（立川フォートレス法律事務所）を加えた 6 人
が、シンポジウムのパネリストを務めた。贄田弁護士は、約 12 年にわた
る弁護士活動のなかで、数件の無罪判決を獲得するなど、刑事弁護におい
て顕著な実績を収めており、裁判員裁判における豊富な弁護経験も有して
いる。本書の執筆はこの 6 人による。

　裁判員は市民から選ばれる。私たちが本書の出版を思い立ったのは、
ウェッブ配信を通じてシンポジウムに参加いただいた方だけでなく、参加
いただけなかった人にも、裁判員制度の「いま」を知っていただき、その
意義や成果、限界、可能性を考えていただくための手掛かりを提供したい
と考えたからである。もともと、公開講座は、大学において研究・教育に
従事する者にとって、市民と直接接することのできる貴重な機会である。
本書を通じて、裁判員制度の担い手である市民との接点を作ることができ
れば、私たちにとって大きな喜びである。

*

　裁判員制度は、市民から選ばれ任命された裁判員 6 人が、重大犯罪につ
いての刑事裁判に直接参加する制度である。裁判員は公判の審理に参加し、
裁判官 3 人とともに構成した合議体によって、被告人が有罪か無罪かの

判断、有罪の場合にはどのような法令を適用するか、どのような種類・重さの刑を科すかの決定に、裁判官と対等の権限をもって関与する。

　裁判員制度を定めた「裁判員の参加する刑事裁判に関する法律（以下、裁判員法）」が施行されたのは、2009 年 5 月 21 日であり、最初の裁判員裁判の公判審理が行われたのは、東京地方裁判所において同年 8 月 3 日から 6 日のことである。2021 年 6 月 1 日現在、制度実施からすでに 12 年以上が経過したことになる。最高裁判所が発表した 2021 年 3 月末までの速報値によると、裁判員として 78,917 人が、裁判員が欠けたときに代わって職務を行う補充裁判員として 26,802 人が選任されている。総数 14,010 人の被告人について、裁判員裁判が終わっている。

　刑事裁判における専門性の高い判断を、一般市民である裁判員が行うことはできない、発言や評決において裁判員が裁判官と対等だといっても、結局は裁判官の「いいなり」になってしまう、一般市民の裁判員が参加すると、有罪・無罪の判断に誤りが生じやすくなる、どのような裁判員が参加するかによって、刑の種類・重さに大きなばらつきが生じる。制度実施前には、このような否定的な意見もみられた。しかし、現在までのところ、課題も指摘されるものの、少なくとも制度の運用に携わる裁判官や検察官、弁護人、さらには研究者のあいだでは、裁判員裁判が刑事裁判を良い方向に変化させているという肯定的な評価が広く共有されている。また、裁判員を経験した人の 95% 以上が、参加経験を肯定的に評価している。これは、制度の運用に携わる専門家の努力もさることながら、裁判員の職務を誠実に果たしてきた市民の力によるものであろう。

＊

　裁判員制度は、刑事裁判のあり方を大きく変化させた。その変化は、裁判員の参加する公判の審理、裁判員が直接関与する有罪・無罪の判断と有罪の場合における刑の種類・重さの決定だけでなく、起訴前の捜査手続から、争点・証拠を整理するための公判前の準備手続(公判前整理手続)、裁判員裁判の結果を審査する控訴審の判断のあり方に至るまで、刑事手続の全体に及んでいる。また、裁判員裁判に関与する裁判官だけでなく、検察官や弁護人の活動にも、重要な変化が生じた。これらの変化はどのような

ものであり、刑事裁判の目的・機能からみてどのように評価されるのか、また、裁判員裁判以外の裁判に変化は生じたのか。これらの点は、本書第2章以下において、詳しく論じられることになる。

＊

　世界を見渡すと、刑事裁判への市民参加の制度としては、イギリス、アメリカなどにおいて採用されている陪審制度と、ドイツその他大陸法系の国々で広く採用されている参審制度とがよく知られている。[1]

　陪審制度は、国や時代により差異を含みつつも、事件ごとに市民から無作為で選ばれた陪審員（伝統的には12人）が、重大事件の公判審理に参加し、陪審員のみによる評議を行い、起訴事実について被告人が有罪か無罪かを判断するものである。陪審裁判が行われるのは、被告人が無罪を主張した事件についてのみである。有罪とされた場合、どのような種類・重さの刑を言い渡すかは、裁判官によって決められる。1215年、イギリスのマグナ・カルタは、「同輩による裁判を受ける権利」を記していた。フランスの政治思想家であるトクヴィルは、建国期アメリカの陪審裁判について、それは「普通選挙と同様に、人民主権の教義の直接かつ端的な帰結である」と賞賛した。また、建国期アメリカの政治家であるハミルトンは、刑事事件についての「専断的な弾劾、犯罪容疑に対する専断的な起訴、専断的な判決に基づく専断的な処罰」による「司法の専制」から「自由」を保護する点にこそ、陪審制度の真価があるとした。

　他方、参審制度は、市民から選任された参審員が、裁判官とともに合議体を作り、刑事裁判の重要な判断に関与する制度である。対象事件は、被告人が無罪を主張したものだけでなく、起訴事実を認めている事件も含む。たとえば、フランスにおいては、「陪審員」（その期限に由来して現在もこのように呼ばれている）9人が、裁判官3人とともに重大事件の公判審理に参加し、両者から成る合議体によって、有罪・無罪の判断と、有罪の場合における刑の種類・重さの決定に関与する。また、ドイツにおいては、

1　陪審制度と参審制度、それらとの対比における裁判員制度の特徴について、より詳しくは、木佐茂男ほか『テキストブック現代司法〔第6版〕』（日本評論社、2015年）246頁以下［水谷規男］参照。

２人の参審員が重大事件の公判審理に参加し、３人の裁判官とともに構成する合議体によって、有罪・無罪の判断と有罪の場合における刑の種類・重さの決定に関与する。参審員は、事件ごとに選ばれ任命されるのではなく、４年の任期で任命される。

　この他にも、刑事裁判への市民参加の制度には様々なものがある。たとえば、イギリスにおいては、比較的軽微な事件について、市民から選任されたマジストレイト(治安判事)３人が、法曹資格を有する書記官のサポートを受けながら、公判の審理を進行させ、有罪・無罪の判断と有罪の場合には刑の種類・重さを決める。裁判官は関与しない。マジストレイトは、一定期間、その職務を継続して行う。また、民事裁判への市民参加を制度化している国も少なくない。

　日本の裁判員制度は、１回の事件ごとに市民から無作為に選ばれた裁判員６人が、被告人が無罪を主張した事件だけでなく、起訴事実を認めた事件を含め、重大事件の公判審理に参加したうえで、裁判官３人とともに構成する合議体によって、有罪か無罪かの判断とともに、有罪の場合にはどのような法令を適用するか、どのような種類・重さの刑を科すかの決定に関与するものである。陪審制度の特徴と参審制度の特徴とを併有しているが、市民から選ばれた裁判員と裁判官とが協働して、有罪・無罪を判断するのみならず、有罪の場合には刑の種類・重さを決めるという点において、参審制度により近いものといえよう。本書第６章においては、中国の「人民陪審制度」との対比において、裁判員制度の特徴が描出される。

　本書のベースとなった 2020 年度一橋大学公開講座「裁判員制度のいま」を実施するにあたっては、企画から準備、広報、シンポジウム当日のサポートと撮影、ウェッブ配信に至るまで、一橋大学研究・社会連携課のスタッフにお世話になった。一同、御礼申し上げる。また、本書の出版を快くお引き受けいただいた現代人文社・成澤壽信社長には、同じく心より感謝申し上げる。

2021 年 11 月

執筆者を代表して　葛野尋之

裁判員裁判の現在　その10年の成果と課題
目次

第1章

裁判員制度の概要といくつかの問題

葛野尋之

1. 裁判員制度創設の経緯

　裁判員制度は、市民から選ばれた裁判員が、重大な刑事事件の公判審理に参加したうえで、裁判官とともに形成した合議体によって、被告人が有罪か無罪かという判断とともに、有罪の場合にはどのような法令を適用するか、具体的にどのような種類・重さの刑を科すかという決定に直接関与する制度である。

　制度創設の直接の契機は、世紀転換期の司法制度改革であった。これは、グローバル化と市場主義を軸とする政治・経済・社会の大規模な

1　木佐茂男ほか『テキストブック現代司法（第6版）』（日本評論社、2015年）135頁以下［川嶋四郎］参照。

裁判員裁判・初の裁判員裁判法廷—東京地裁 104 法廷。裁判員は身元を特定されないため、撮影後に着席した（2009 年 8 月 3 日。写真提供：時事通信社）

変革期において、「法の支配」の確立を目指して、司法の機能を強化することを目指すものであり、①民事司法制度改革、刑事司法制度改革、国際化対応を含む裁判制度等の改革、②法曹人口の増加、法曹養成制度の改革など人的基盤の整備、③国民的基盤の確立、という広範囲にわたるものであった。裁判員制度は、国民的基盤の確立のための中核であった。1999 年 7 月、内閣に設置された司法制度改革審議会は、集中的な審議を経て、2001 年 6 月、最終意見書を発表した。同報告書は、「一般の国民が、裁判の過程に参加し、裁判内容に国民の健全な社会常識がより反映されるようになることによって、国民の司法に対する理解・支持が深まり、司法はより強固な国民的基盤を得ることができるようになる」と指摘したうえで、刑事訴訟手続において「広く一般の国民が、裁判官とともに責任を分担しつつ協働し、裁判内容の決定に主体的、実質的に関与することができる新たな制度」の創設を提案した。

　同意見書を受けて制定された司法制度改革推進法により、2001 年 12

月、内閣に司法制度改革推進本部が設置され、同本部のもとに、裁判員制度・刑事検討会が設けられた。同検討会の検討に基づき、2004 年 3 月、「裁判員の参加する刑事裁判に関する法律（以下、裁判員法）」案が作成され、同年 5 月、可決・成立した。裁判員法は、2009 年 5 月 21 日、施行された。その後、施行 3 年後の見直しを定めた同法附則に基づき、法改正の要否などが検討され、その検討結果を踏まえて、2015 年 6 月、裁判員法の一部改正法が可決・成立した[2]。

　日本においても、昭和初期、1928 年から 15 年間、重大事件についての刑事裁判に市民が参加する陪審制度が実施されていた。法定刑が死刑または無期懲役とされた犯罪の事件については、陪審裁判によらなければならないものとされた。しかし、この旧陪審制度は、被告人の辞退を認めていた点、裁判官が陪審の答申に拘束されることなく、陪審の答申を不当と認めるときは、事件を別の陪審に付すことを許していた点、被告人が陪審裁判を選択したときは控訴を認めず、上告のみを許していた点、等において大きな限界を有していた。1943 年、戦争の激化にともない、同制度の実施は停止された。その後、陪審制度が再開されることも、刑事裁判における判断に市民が直接関与する新たな制度が設けられることもなかった。市民運動や弁護士、研究者のあいだには、刑事手続の大規模な改革を目指す立場から、陪審制度の復活を求める意見があり、また、1980 年代末には、裁判所内部で各国制度の調査が行われたものの、裁判に市民が参加する制度が実現することはなかった。裁判員制度は、旧陪審法の停止以来 60 年以上も途絶えていた刑事裁判への市民参加を復活させた[3]。

2　裁判員法の制定の経緯について、池田修＝合田悦三＝安東章『解説・裁判員法（第3版）』（弘文堂、2016 年）1 頁以下参照。

3　木佐・前掲注 1 書 239 頁［水谷規男］参照。

2. 裁判員制度の概要

(1) 対象事件と裁判体の構成

　裁判員裁判は、地方裁判所における第一審の刑事裁判として行われ、対象事件は、①死刑または無期の懲役・禁錮に当たる犯罪の事件、②刑の重さが短期1年以上の懲役・禁錮に当たり、故意の犯罪行為による被害者死亡事件であって、①の事件以外のもの、に限られる。具体的には、殺人、強盗致死傷、傷害致死、危険運転致死、財産上の利益を得る目的による覚醒剤の密輸入などが対象事件となり、地方裁判所において公判審理が行われる事件の約3%にあたる。被告人が起訴事実を否認し、無罪を主張している事件だけでなく、起訴事実を認めている事件も対象とされる。

　重大事件のみが対象とされたのは、重大事件について国民の関心が高く、また、対応可能な事件数の限界を考慮したからである。ただし、裁判員等に危害が加えられるおそれのある事件については、裁判所の決定により、裁判官のみによる裁判が可能とされた。さらに、2015年改正法により、長期間の審理を要する事件等も対象事件から除外された。

　裁判員は、対象事件について被告人が起訴されると、その都度、その事件のためだけに選任される。合議体は、原則、裁判官3人、裁判員6人の合計9人により構成される。裁判官の数に対して裁判員の数を2倍としたのは、合議体の判断にあたっての評議および評決において、裁判員の参加を実質化させるための配慮による。裁判員法においては、被告人が起訴事実を認めており、当事者に異議がないときは、裁判官1人、裁判員4人の小規模な合議体によることも認められているものの、実際に用いられたことは皆無である。合議体の評決は下記のような特別な多数決によることから、裁判官1人の判断が決定的影響をもつことを避け

るためだとされている。

　必要に応じて、補充裁判員を置くことが認められている(以下、補充裁判員も含め、裁判員とする)。病気等の理由により任務を継続することができなくなった裁判員がいる場合、補充裁判官が代わって職務を行うこととなる。

(2)　裁判員の関与する判断と参加する審理

　裁判官の参加する合議体の判断によるものとされたのは、①事実の認定、②法令の適用、③刑の量定、についてである。刑の免除の判決および家庭裁判所への少年事件の移送(少年法55条)も、裁判員の参加する合議体の判断によるものとされた。これらの判断のための審理は、裁判官と裁判員とにより行われる。他方、④法令の解釈、⑤訴訟手続に関するもの、⑥その他裁判員の関与する判断以外のもの、については、裁判官のみの判断によるものとされた。これらの判断のための審理は、裁判官のみによる。ただし、裁判員の立会を許すこともできる。

　裁判員の関与する判断は、上記のように限定されていることから、裁判員が審理に参加し、判断を行うにあたり、法令、訴訟手続等に関する特別な専門知識は必要とされない。裁判員は、参加した審理とそれを踏まえた評議に基づき、証拠からどのような事実が認定できるのか、それがどのような罪に当たるのか、有罪の場合にはどのような種類・重さの刑を言い渡すのか、を判断するのである。

　裁判員の参加する審理において、裁判員は、裁判官に告げたうえで、証人に対して尋問し、被告人に対して質問すること等ができる。

(3)　評議と評決

　裁判員の関与する判断は、裁判官と裁判員とから構成される合議体の

評議に基づく評決による。評議は非公開とされる。評議および評決において、裁判官と裁判員とは対等の権限を有する。評議の進行は裁判長によるが、裁判長は、裁判員に対して、「疑わしいときは被告人の利益に判断しなければならない」こと、自白のみにより有罪とすることは許されないこと、被告人の黙秘から犯罪事実の存在を推認してはならないこと等、必要な法令に関する説明を丁寧に行ったうえで、分かりやすく評議を整理し、裁判員の発言する機会を十分に設け、充実した意見交換が行われるようにしなければならない。このようにして、裁判員の参加が実質化するよう配慮しなければならないのである。裁判員が主体的に参加し、充実した評議な行われるための学際的研究が、現職・元職の裁判官の参加も得て行われているところであり[4]、評議の運営にあたっては、これらが大いに活用されるべきであろう。

　評議を尽くしても、全員の意見が一致しなかったときは、評決は、多数決による。ただし、特別な多数決によるものとされ、有罪の判断、重い刑の決定など、被告人に不利な判断については、裁判官、裁判員の各1人以上を含む過半数が必要とされる。裁判員全員の意見が一致して、過半数を超えたとしても、裁判官1人以上が賛成しない限り、有罪の判断はできないことになる。逆に、裁判官3人の意見が一致しても、裁判員2人以上が賛成しない限り、合議体の過半数には達しない。

　有罪の場合、刑の種類・重さを決めるにあたって意見が3つ以上に分かれたときは、裁判官、裁判員各1名以上の意見を含む過半数になるまで、最も重い刑についての意見から順次軽い刑についての意見を加えていき、過半数に達した最も軽い刑の意見をもって、裁判所の判断とする。たとえば、懲役13年とする裁判員1人、12年とする裁判員1人、11

4　三島聡編『裁判員裁判の評議デザイン』（日本評論社、2015年）。

年とする裁判員2人、10年とする裁判官1人・裁判員1人、9年とする裁判官2人・裁判員1人というように意見が分かれたとすると、懲役10年までの意見を合計したところで裁判官1人・裁判員5人となるので、裁判所の判断は懲役10年ということになる。なお、重い刑から過半数に達するまで順次下げていくという方法は、裁判官のみによる裁判の量刑においても採用されている。

(4) 判決の宣告と控訴

　裁判員の参加した裁判において、判決は、裁判官により法廷で宣告される。判決書は、判断理由の説明を含むものであり、裁判官によって作成され、裁判官の名前のみが記載される。裁判に参加した裁判員の名前が公表されることはない。

　有罪か無罪かを問わず、判決に対しては、被告人側からも、検察官からも、控訴することが可能である。これは、裁判員の参加しない裁判の場合と同様である。控訴審においては、裁判官のみによる裁判が行われる。

3. 裁判員の選任手続

　裁判員は、選挙権を有する市民のなかから無作為に選ばれ、任命される。留意すべきは、裁判員候補者について、辞退事由がある場合、辞退が認められることである。裁判員法において辞退事由とされているのは、①70歳以上の人、②地方公共団体の議会の議員（会期中の場合）、③学生・生徒、④5年以内に裁判員、検察審査員等の職務に従事した人、⑤3年以内に裁判員候補者に選ばれた人、⑥1年以内に裁判員候補者として裁判所における裁判員選任手続の期日に出席した人、⑦やむをえない理由

により裁判員の職務を行うことや裁判所に行くことが困難な人、であることである。⑦の辞退理由には、具体的には、重い病気、介護、養育、事業の重要な用務があり自分でその用務を処理しないと損害が生じる場合、葬式、災害、妊娠、出産等が含まれる。仕事を理由にして辞退が認められるかどうかは、審理期間、事業所の規模等を考慮に入れて、その候補者が用務を処理しなければ著しい損害が生じるかどうかによって判断される。

　ある年に実施される裁判の裁判員を選任するためには、第1段階として、前年秋ごろ、裁判員候補者名簿を作成する。地方裁判所ごとに、管内の市町村の選挙管理委員会が有権者名簿からくじで選んで作成した名簿に基づき、翌年の裁判員候補者名簿を作成するのである。

　第2段階として、前年11月ごろ、裁判員候補者名簿に登録された人に、その旨通知する。あわせて、裁判員に選任されることを禁止する事由や客観的な辞退事由に該当しているかどうか等を確認するための調査票を送付する。返送された調査票から判断して、明らかに裁判員になることができない人および1年を通じて辞退事由が認められる人は、この段階で候補者名簿から除外される。

　第3段階として、事件ごとに候補者名簿のなかからくじで、その事件に参加する裁判員候補者を選定する。

　第4段階として、原則、裁判の6週間前までに、くじで選ばれた裁判員候補者に対して、裁判所における選任手続期日を通知し、同期日に出席するよう求める「呼出状」を、質問票とあわせて送付する。審理期日が5日以内の事件については、1事件あたり70人程度の裁判員候補者に送付する。返送された質問票に基づき、辞退事由があると認められた候補者に対しては、その旨連絡がなされる。実際に選任される裁判員の数に比べ、候補者の数が相当に多いのは、辞退事由の認められる候補者、

さらには被告人・被害者と一定の関係を有し、公平な判断が期待できないという不適格事由がある候補者を除外することから、無作為抽出により裁判員を選び任命するためには、ある程度多数の候補者が必要になるからである。

第5段階として、裁判所の選任手続期日が実施される。同期日に出席した候補者は、辞退事由・不適格事由の有無、不公平な裁判をするおそれの有無などについて確認するための質問票にあらかじめ回答したうえで、裁判官、検察官および弁護人の立会のもと、裁判長からの質問を受ける。質問とそれに対する候補者の応答を踏まえて、辞退事由・不適格事由の有無、不公平な裁判をするおそれの有無が判断される。検察官および弁護人は、不公平な裁判をするおそれがある候補者の不選任を請求することができる。また、それぞれ4人まで、理由を示すことなく不選任を請求することもできる。

第6段階として、不選任の決定を受けなかった候補者のなかから、くじその他作為の加わらない方法により、裁判員6人、必要な場合には補充裁判員を選び、任命する。

以上が、裁判員選任の手続である。辞退率が上昇し、選任手続期日の出席率が低下する傾向にあることについては後述する。

4. 裁判員制度の目的とその波及効果

(1) 民主的正統性と司法による人権保障

司法制度改革審議会の上記最終報告書は、裁判員制度の意義について、「一般の国民が、裁判の過程に参加し、裁判内容に国民の健全な社会常識がより反映されるようになることによって、国民の司法に対する理解・支持が深まり、司法はより強固な国民的基盤を得ることができるように

なる」と述べていた。これからすると、裁判員制度の目的は、司法に対する国民の理解・支持の増進という点にあるということになろう。そのような立場から、裁判員法１条は、「国民の中から選任された裁判員が裁判官と共に刑事訴訟手続に関与することが司法に対する国民の理解の増進とその信頼の向上に資することにかんがみ、……」と規定した。

　しかし、裁判員制度の目的が、司法に対する国民の理解増進・信頼向上ということに尽きるとすることはできない。裁判員法は、市民に対して、重大犯罪についての刑事裁判の公判審理に参加し、その重要な判断に直接関与するという形で、裁判員としての重い責任を担わせつつ、その職務に従事することを義務づけている。国民の理解増進・信頼向上といういわば「広報」活動の目的によって、それを正当化することはできないであろう。[5]

　裁判員制度の意義として、司法制度改革審議会が 2000 年 11 月に取りまとめた「中間報告」は、「強固な国民的基盤(民主的正統性)」の形成を指摘していた。刑事裁判という強力な国の主権の行使に市民が、その重要な判断に直接関与する形で参加するのであるから、同制度は、国民主権の原理を具体化したものとして、刑事裁判における民主的正統性を強化することを目的としているというべきであろう。裁判員制度の合憲性を認めた最高裁の 2011 年大法廷判決[6]も、裁判員法１条の上記規定について、「これは、この制度が国民主権の理念に沿って司法の国民的基盤の強化を図るものであることを示している」としている。

　もっとも、裁判員制度の目的は、それだけではない。もともと、国の統治機構において、立法府および行政府に対する司法の本質的機能は、政治権力や民意の専横から人々の権利を保護することにある。人々の権

5　後藤昭「裁判員制度がもたらしたもの」法律時報 90 巻 12 号（2019 年）112 頁。
6　最大判平 23・11・16 刑集 65 巻 8 号 1285 頁。

利が、多数者の「力」によって圧倒されないよう保障するのである。司法の人権保障機能である。

　刑事裁判という制度は、検察官が起訴した犯罪事実について、証拠により被告人を有罪と認めることができるかを判断し、有罪である場合にはどのような種類・重さの刑罰を科すかを決めるものである。そのための手続は、憲法31条以下の規定が要請するように、法律の定めた適正な、すなわち人権の保障に最大限配慮した手続でなければならない。また、憲法13条が規定しているように、自由な民主的社会においては尊厳なる個人の尊重こそが至上の価値である以上、個人の権利を正当な理由なくして奪うことは許されないから、刑事裁判の結果として、誤って有罪を認定して刑罰を科してはならず、有罪であっても過度に重すぎる刑罰を科してはならない。いくら国民の多数が求めたとしても、刑事裁判が適正な手続を践むことなく、誤って有罪を認定し、あるいは過重な刑罰を科すことは、決して正当化されないのである。この点にこそ、刑事裁判の存在意義がある。

　そうであるならば、裁判員制度も、市民の直接参加による民主的正統性の強化とともに、適正な手続を通じて、誤りのない正しい裁判を行い、それにより被告人の権利を保護するという司法の人権保障機能を強化するものでなければならない。裁判員制度の第2の目的は、この点にある。そうであってこそ、市民に裁判員としての重い責任を担わせ、その職務への従事を義務づけることも、正当化されうるのである。[7] 上記最高裁大法廷判決も、「刑事裁判に国民が参加して民主的基盤の強化を図ることと、憲法の定める人権の保障を全うしつつ、証拠に基づいて事実を明らかにし、個人の権利と社会の秩序を確保するという刑事裁判の使命を

7　葛野尋之「裁判員制度における民主主義と自由主義」同『刑事司法改革と刑事弁護』(現代人文社、2015年) 参照。

果たすこととは、決して相容れないものではな」いとして、具体的制度の憲法適合性を検討し、「憲法が定める刑事裁判の諸原則を確保する上での支障はな」いと結論づけていた。

　裁判員制度が、具体的にどのようにして、司法の人権保障機能の強化につながるかは、本書第2章以下において詳しく論じられることになる。

(2)　裁判員制度の波及効果

　裁判員制度は、直接主義・口頭主義の審理を実質化させた「公判中心主義」を通じて、よりよい刑事裁判の実現につながりうるだけでなく、その直接の対象である公判の審理手続を超えて、刑事手続のより広い範囲において波及効果を生んでいる。ここでは、2点を指摘しておく。

　第1に、被疑者・被告人の身体拘束に関する判断の厳格化である。被疑者・被告人の逃亡や罪証隠滅を防止する目的から、起訴の前、被疑者については逮捕（最長72時間）と勾留（10日に加え、10日までの延長が可能）、被告人については勾留（1月ごとに更新可能）という身体を強制的に拘束する処分が認められている。被疑事実・起訴事実についての嫌疑を裏付ける相当な理由とともに、逃亡または罪証隠滅を疑わせる相当な理由があることが要件となる。さらに、具体的根拠に基づく逃亡または罪証隠滅の現実的可能性の程度と、身体拘束にともなう不利益とを比較して、前者が後者に優越していなければ、これらの処分の必要性は認められない。

　逮捕・勾留は、被疑者・被告人を強制的に拘束し、その身体の自由を奪う処分であり、それにともない、様々な社会活動や人的交流の制限、身体的・精神的健康に対する危険などの不利益をともなう。それらに加え、検察官の不起訴処分に向けた働きかけや公判審理における主張・立証の準備など、被疑者・被告人が弁護人の援助を受けつつ防御を準備す

図表1　勾留請求却下率と保釈率の推移

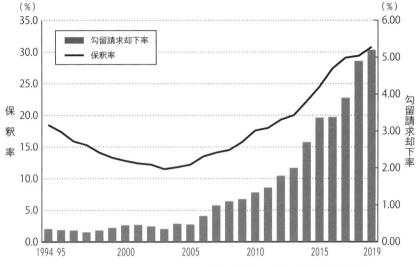

出所：各年の『司法統計年報（刑事編）』

ることを制約する。この点においても、重大な不利益をともなうのである。無罪を推定される被疑者・被告人にとって、身体拘束は、真にやむをえない場合にのみ許される最終手段でなければならない。近年、身体拘束を回避し、短期化する方向において、検察官による被疑者の勾留請求を認めない裁判官の判断が増加し、また、起訴後においても、被告人の保釈がより積極的に認められる傾向がみられる（**図表1**参照）。これには、捜査初期段階からの弁護人の援助の拡大・強化、裁判官の意識の変化など様々な要因があろうが、裁判員制度の影響も否定できない。

　裁判員制度の創設にともない導入された公判前整理手続は、争点のはっきりした充実した公判審理を連日、集中的に実施するために、公判審理の開始前に、裁判官が主宰し、検察官と弁護人とが参加して、事件の争点と証拠を整理し、しっかりとした審理計画を策定する手続である。これにより、公判審理が始まる前に、事件の争点が明確化し、取り調べ

られる証拠が決められることとなった。その結果、保釈の請求がなされたときに、裁判所が被告人による罪証隠滅の可能性について、その有無や程度を判断するにあたっても、隠滅行為の対象とされるべき証拠が公判審理の開始前に具体化することとなり、それにともない、罪証隠滅の可能性に関する裁判所の判断が、具体的で実質的なものとなった。たんなる抽象的な「おそれ」があるというだけでは、済まされなくなったのである。この点は、起訴後、被告人についての保釈率を向上させてきた要因である。

　また、裁判員裁判においては、公判前整理手続を通じて立てられた審理計画に従って、連日の集中的な審理が行われることとなった。裁判員が公判審理における当事者の主張・立証をもとに、事実の存否について判断するためには、連日の集中的審理が必要だからである。このような公判審理を活性化させ、充実させるためには、被告人の側が、公判審理に備えて、手続のより早期から、いっそう十分な防御の準備をすることができなければならない。身体拘束によって、被告人側は防御準備の制約を余儀なくされるから、より早期、より十分な防御準備の必要性が高まると、それにともない、被疑者・被告人の身体拘束にともなう不利益がより重く評価されることになる。その結果、身体拘束の必要性も認められにくくなる。逃亡または罪証隠滅の現実的可能性が同程度であるならば、身体拘束の不利益が大きいほど、その必要性は低くなるからである。

　第2に、捜査手続の透明性を高めるための取調べの録音・録画の制度化とその広がりである。本書第2章において詳しく論じられるように、裁判員制度が直接大きく変えたのは、やはり、裁判員の参加する公判審理である。かつては、捜査機関が起訴前に被疑者、被害者、目撃者等を取り調べて作成した大量の供述調書を、裁判官が執務室で読み込み、それをもとに事実を認定していた。裁判の結果に対し、調書を通じて、捜

査が強い影響を与えていた。「調書裁判」とも批判された。裁判員に大量の調書を読み込み、事実を認定することを期待はできない。「目で見て、耳で聞いて分かる審理」が求められた。物的証拠とともに、証人尋問や被告人質問を通じて、自ら経験した事実に関して証人や被告人が公開の法廷でした供述を、裁判員と裁判官が直接取り調べることによって、当事者が口頭で主張した事実について判断する審理である。調書の使用は顕著に減った。

　これは、捜査・取調べに強く依存した刑事手続から、裁判所の公判審理こそが裁判の結果を実質的に決める公判中心の刑事手続への変化であり、手続の透明性の向上を意味している。また、公判審理は被告人・弁護人という両当事者も在廷する場であり、公開され、決められた手順に従い進められるから、公判中心の刑事手続は、手続の公正さの増進につながる。被疑者取調べの録音・録画の法制化とその広がりも、自白が強制によるものでないか、自白が信用できるものかを判断するに際して実際にどのような取調べが行われたのかが争われたとき、裁判員にも分かりやすい客観的な証拠が必要だということを媒介にして、手続の透明性という要求が被疑者の取調べにまで及んだ結果である。裁判員制度の波及効果といえよう。この点は、本書第5章においても触れられる。

5. 実施状況の概観

　裁判員制度の実施状況については、最高裁判所から、定期的に統計資料がウェッブを通じて公表されてきたが[8]、それに加えて、これまでに2回、まとまった報告がなされている。これらも、ウェッブ上で公開

8　https://www.saibanin.courts.go.jp/index.html 「裁判員制度」×「実施状況」により検索可能である。

されている。裁判員法施行後 3 年の見直しに際しては、2012 年 12 月、最高裁判所事務総局『裁判員裁判実施状況の検証報告書』[9]が発表された。施行後 10 年に際しては、外部の有識者懇談会等における議論をも参照しながら、同『裁判員制度 10 年の総括報告書』[10]（以下、『総括報告書』）が発表された。後者を中心にして、実施状況を概観しておこう。

　裁判員経験者に対するアンケートによれば、参加経験を肯定的に評価する人の割合は、一貫してきわめて高く、「非常によい経験」「よい経験」との回答が、実施以降、毎年 95％を超えている[11]。2018 年の経験者についてみると、参加前に積極的な参加意識を有していた人が 39.5％であったのに対して、参加後には 96.7％の人がよい経験であったと評価していた。同年、審理内容の分かりやすさについて否定的評価をした経験者は 2.9％、評議における話しやすさについては同じく 1.5％、評議における議論の充実度については同じく 5.7％であった。経験者の多くが、これらの点について肯定的に評価していたのである。

　市民一般に対する調査によれば、実施前に比べ、実施後 10 年のあいだに、刑事裁判について「身近である」、「手続や内容がわかりやすい」、「迅速である」との意識が高まった。もっとも、

9　https://www.saibanin.courts.go.jp/vc-files/saibanin/file/hyousi_honbun.pdf

10　https://www.saibanin.courts.go.jp/vc-files/saibanin/file/r1_hyousi_honbun.pdf　制度実施 10 周年にあたり、制度の運用を総括したものとして、「特集・裁判員制度の未来」法学セミナー 770 号（2019 年）、「特集・裁判員制度の 10 年」三田評論 1237 号（2019年）、「特集・裁判員裁判施行 10 年を迎えて」自由と正義 70 巻 5 号（2019 年）、「特集・裁判員制度施行 10 年を迎えて」法律のひろば 72 巻 7 号（2019 年）、「特集・司法制度改革 20 年・裁判員制度 10 年」論究ジュリスト 31 号（2019 年）などがある。

11　裁判員経験者によるものとして、田口真義『裁判員のあたまの中』（現代人文社、2013年）、飯考行＝裁判員ラウンジ『あなたも明日は裁判員』（日本評論社、2019 年）、大城聡＝阪上暢幸＝福田隆行『あなたが変える裁判員制度──市民から見た司法参加の現在』（同時代社、2010 年）など参照。また、「LJCC」、「日本裁判員経験者ネットワーク」、「裁判員 ACT・裁判への市民参加を勧める会」、「裁判員ラウンジ」など、裁判員経験者の参加する民間団体が活動を続けている（各団体のホームページ参照）。

2020 年 2 月に発表された最高裁判所『裁判員制度の運用に関する意識調査』[12]によれば、裁判員として刑事裁判に「参加したい」・「参加してもよい」という回答の割合は、2009 年には 18.5％、2018 年には 15.5％にとどまっていた。

　2021 年 3 月末までの速報値[13]によると、裁判員として 78,917 人が、補充裁判員として 26,802 人が選任されており、14,010 人の被告人について裁判員裁判が終了していた。罪名別にみると、殺人が 3,203 人(22.9％)、強盗致傷が 2,989 人(21.3％)、現住建造物放火が 1,323 人(9.4％)、傷害致死が 1,306 人(9.3％)、覚醒剤取締法違反が 1,294 人(9.2％)を占めていた。有罪・無罪の判決がなされた事件において、有罪となった被告人は 13,580 人(99.1％)、無罪となったのは 125 人(0.9％)であった。ただし、覚醒剤取締法違反については、49 人(3.8％)が無罪となっていた。無罪率は、裁判官のみの裁判に比べ、わずかながらであっても高い。

　戦前の旧刑事訴訟法の時代から現在に至るまで、検察官は捜査を通じて収集された大量の証拠を子細に検討し、有罪獲得の確信を得ることのできた事件だけを起訴するという実務が定着していたが、裁判員裁判の対象事件については、検察官が起訴に対していっそう慎重な姿勢をとるようになったと指摘されている。たしかに、裁判員裁判の対象事件についての起訴率は、制度実施後、低下傾向にある。法務省・裁判員制度の施行状況等に関する検討会の第 10 回会合(2019年12月17日)に提出された資料[14]によれば、殺人(未遂を含む)の起訴率は、制度実施前 2008 年の 48.5％から、2017 年の 28.2％に低下し、強盗致死傷(未遂を含む)の起

12　https://www.saibanin.courts.go.jp/vc-files/saibanin/2020/1-i-8.pdf

13　https://www.saibanin.courts.go.jp/vc-files/saibanin/2021/r3_4_saibaninsokuhou.pdf

14　http://www.moj.go.jp/content/001311366.pdf

訴率は、同じく71.4%から、66.2%に低下していた（2013年には34.4%であった）。そのなかで、無罪率がわずかにせよ向上していることは注目すべきである。裁判員裁判において、「疑わしいときは被告人の利益に」という刑事裁判の「鉄則」がよりよく実現しているとみることもできよう。あるいは、裁判員の参加による証拠評価に際しての視点の広がりが、有罪方向への証拠評価をより慎重にするよう働いているのかもしれない。覚醒剤取締法違反事件においては、犯罪の「故意」の要素として、被告人が覚醒剤を国内に持ち込んだことを認識していたかどうかが争われることが多いが、無罪判決の多くは、これを否定する判断によるものである。この点は、本書第3章において詳しく扱われる。また、裁判員裁判における刑の種類・重さの決定は、本書第4章において論じられる。

6. 辞退率の上昇と出席率の低下

裁判員の選任手続において、裁判員候補者は上記の事由により辞退することが認められている。選任手続の上記第4段階・第5段階において、辞退率（個別事件において選定された裁判員候補者のうち辞退が認められた人の割合）の上昇傾向、さらには出席率（選任手続期日への出席を求められた裁判員候補者のうち実際に出席した人の割合）の低下傾向がみられる（**図表2**参照）。[16] 2021年3月末までの速報値によれば、累計辞退率は63.3%、累計出席率は71.8%であった。候補者の80%程度が、辞退を認められ、または選任手続期日を欠席しているということになる。

最高裁判所の委託により、2016年から2017年に実施された調査に

---

15 竹田昌弘「裁判員制度10年の分析」牧野茂＝大城聡＝飯考行編『裁判員制度の10年』（日本評論社、2020年）143頁以下。

16 この点について、竹田・前掲注15論文154頁以下参照。

図表 2　辞退率・出席率の推移

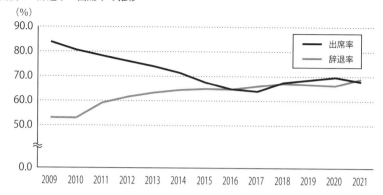

出典：「裁判員裁判の実施状況について（制度施行〜令和 3 年 7 月末・速報）」
https://www.saibanin.courts.go.jp/vc-files/saibanin/2021/r3_7_
saibaninsokuhou.pdf

よれば、①審理予定日数の増加傾向、②雇用情勢の変化(人手不足、非正
規雇用者の増加等)、③高齢化の進展、④裁判員裁判に対する国民の関心
の低下、等の事情が、辞退率の上昇および出席率の低下に寄与している
可能性が指摘された。また、一部の裁判所においては、呼出状が不到達
になった場合の再送達、事前質問票が期限までに返送されなかった場合
における書面での返送依頼といった運用上の工夫が行われており、こ
れらの方策が出席率の向上に一定の効果を有しているとも指摘された。
もっとも、上記『総括報告書』によると、これらの方策が他の裁判所に
も広がったことにより、2018 年以降、辞退の申出をしないままに期日
を欠席する候補者が減少し、それにともない出席率はいくらか増加した
ものの、逆に、辞退率が増加したとの見方もできるとされていた。
　制度実施後、裁判員の選任手続においては、市民に過重な負担をかけ
ることを回避し、もって制度運用を円滑化するという観点から、辞退事
由が緩やかに認められてきた。このような運用は、モチベーション(や
る気)とコミットメント(使命感)の高い裁判員の選任を可能にするであ

ろう。上記『総括報告書』によれば、辞退・欠席の多さのために、個別事件における裁判員の選任について困難が生じた例はなく、また、選任された裁判員が代表性を失うには至っておらず、なお「国民の縮図」という構成は維持されているとされている。裁判員制度の民主的正統性にかかわる問題であるだけに、加重な負担を避けつつも、辞退・欠席を減少させるような条件作りと運用上の工夫がさらに求められよう。裁判員経験者の圧倒的多数が、参加経験を積極的に評価していることからすると、経験者が広く市民に向けて参加経験を語り、それを市民と共有するための機会を、より積極的に設けることも効果的であろう。裁判員としての参加にモチベーションとコミットメントの高い市民の層を厚くすることにつながるからである。

7. 裁判員の守秘義務と精神的負担への対応

　裁判員および裁判員経験者は、裁判員法により、裁判官と裁判員とが構成する合議体の評議および裁判員が参加を許された裁判官の評議について、その経過やそれぞれの裁判官・裁判員の意見、その多少の数、すなわち評議の秘密を漏らしてはならないという義務を課されている。守秘義務である。評議の経過とは、評議がどのような過程を経て結論に至ったかということであり、それぞれの裁判官・裁判員の意見およびその多少の数とは、評議の対象となった各論点について、それぞれの裁判官・裁判員が表明した意見の内容と賛成・反対の意見の数をいう。事件の内容にかかわらないような、裁判官の言動や印象、参加経験から得た感想などはもちろん、事件に関する事柄であっても、公開の法廷において行われた手続や言い渡された判決の内容は、守秘義務の範囲外である。裁判員が守秘義務に違反したときは、違反は解任事由となるし、さらに、

秘密漏示行為について、懲役刑を含む刑罰を科されることもある。

　守秘義務を課すことの目的は、裁判官・裁判員が評議の秘密が守られることを信頼して、評議において自由に意見を述べ、評決を行うことができるようにする点にある。たしかに、評議の秘密が漏らされたならば、自由な意見表明・評決が制約されることになり、民主的正統性の点においても、人権保障の点においても、裁判員制度の機能が損なわれることになろう。

　もっとも、裁判官としては、守秘義務の範囲を明確化して、それを裁判員に分かりやすく説明し、正しく理解してもらうための努力と工夫が必要とされる。[17]守秘義務の範囲が不明確で、裁判員がそれを正確に理解できていないならば、裁判員・裁判員経験者が過度に萎縮して、市民に対して本来は伝えることができる参加経験やそれに基づく意見を表明することができなくなるおそれがある。このことは、裁判員・裁判員経験者に対して無用な心理的負担をかけることになるであろうし、また、参加経験とそれに基づく意見を市民が共有し、裁判員制度についての理解を深めることの妨げにもなるであろう。

　市民にとって、重大犯罪についての刑事裁判に参加することは、日常生活とは大きく異なる経験である。上記『総括報告書』においても、参加すること自体の生活上の負担に加え、「裁判という重要な公務に従事し、その責任を担うことの精神的負担」が指摘されていた。精神的負担の軽減は、裁判員としての職務に従事したことがその後において精神的苦痛を生まないようにするために、必要かつ重要な課題である。[18]候補者の辞退率・欠席率の低下にもつながりうるであろう。

　精神的負担を緩和するための方策として、いわゆる刺激証拠の採用や

17　池田ほか・前掲注2書127頁。
18　山口威「裁判員のこころの動きと心理的負担」法学セミナー777号（2019年）参照。

取調べ方法について運用上の配慮と工夫がなされてきた。刺激証拠とは、それに接することが裁判員にとって重い精神的負担を生じさせる可能性が類型的に高いような、遺体写真、犯行現場写真等である。上記『総括報告書』によれば、裁判員の負担への配慮という観点に加えて、事実認定のための最善の証拠(ベスト・エビデンス)の採用という観点からも、刺激証拠については、個別事件において証拠の必要性・重要性を具体的に検討したうえで、それが認められる範囲において採用するという運用が広がったという。そのうえで、必要性・重要性があるとして刺激証拠を採用する場合でも、写真であれば枚数や取り調べる部分を必要最小限のものに限定し、必要に応じて、カラー写真ではなく白黒の写真を使用する、写真をイラスト風に加工するなど、刺激を弱める工夫がなされてきた。また、裁判員の選任手続期日においてこれら運用上の配慮・工夫を事前に説明し、証拠調べの直前にも再度そのことを告知するなどして、裁判員に対する衝撃を緩和する措置が講じられてきたという。

　精神的負担を緩和するために、このほか、裁判所がメンタルヘルスの専門業者に委託して、裁判員メンタルヘルスサポート窓口を開設している。制度実施後、2018 年までの裁判員メンタルヘルスサポート窓口の利用件数はのべ410 件であり、このうち9 件については、医療機関の紹介を行った。利用件数を利用者数とすると、利用者数は、同期間に裁判員に選任された人の総数の 0.5％にあたる。

8. 裁判員制度の可能性

　裁判員制度は、本書第 2 章以下において明らかにされるように、刑事裁判に重要な変化をもたらした。この変化は、一般に、肯定的に評価されている。さらに、裁判員裁判以外の裁判においても、変化が生じてい

る。また、変化は、起訴前の捜査手続、公判審理の前の準備手続、さらには控訴審の判断のあり方にも及んでいる。裁判官だけでなく、検察官、弁護人の活動のあり方も変化を経験した。

　裁判員制度が、そのポテンシャルを最大限に発揮するためには、制度自体をよりよいものとするための見直しをさらに検討する必要であろう。それだけでなく、制度の運用を、司法の民主的正統性の形成と人権保障機能の強化という目的をよりよく達成するように方向づけなければならない。

　個人主義とそれを基礎にした市民社会が成熟に向かい、人々の価値観が多様化する一方、政治経済・社会・文化のグローバル化が進展し、IT（情報通信技術）が飛躍的発達を遂げた現在、あらゆる領域において、物事を決定する手続の公正さと、それを担保する手続の透明性がますます強く求められている。決定に至る手続が透明で、公正なものであることが、決定された結果について人々の合意を得るために必要とされるのである。このような要請は、犯罪事件を扱う刑事手続にも及ぶ。より透明性の高い、それによって公正さがよりよく保障される刑事手続が、いっそう強く求められるのである。裁判員制度は、市民の直接参加によって、刑事裁判における判断過程の透明性を高める。そしてそれは、裁判員が直接関与する範囲を超えて、刑事手続全体の透明性を高め、それによってその公正さをよりよく保障する。裁判員制度は、司法に民主的正統性を与えるとともに、その人権保障機能を強化することにおいて、大きなポテンシャルを有するのである。

　1928年から1943年まで施行された旧陪審法が、戦争の激化にともない停止されたことを忘れてはなるまい。裁判員制度が司法の民主的正統性の確立と人権保障機能の強化とにおいてそのポテンシャルを現実化するためには、日本社会が平和と民主主義を大切にし、人権を尊重する

社会であり続けなければならないのである。

（くずの・ひろゆき）

第2章

裁判員裁判の運用状況と評価
公判中心主義の観点から

緑 大輔

1. はじめに

　裁判員裁判は、一般市民から選任された裁判員と職業裁判官が協働して刑事訴訟手続に関与し、事実の認定、法令の適用、刑の量定を行う制度である。裁判員制度は 2009 年 5 月 21 日に施行され、10 年が経過した。本稿に設定されている役割は、この 10 年間の裁判員裁判の運用状況を確認するとともに、それに対して評価を行うことである。評価を行うためには、評価基準が必要である。

　最高裁判所は、裁判員制度が施行されたことによって、「核心司法や公判中心主義など刑事訴訟法の本旨に立ち返った裁判が追求されるよう

になり、法曹三者はそのための取組を積み重ねてきた」と自ら評価している[1]。ここでは「公判中心主義など刑事訴訟法の本旨」という言葉が登場しており、裁判所も「公判中心主義」に価値を見出し、しかもそれは「刑事訴訟法の本旨」として目指すべき方向性であることを示唆している。そこで、本稿では、「公判中心主義は実現したか」という評価基準を用いたい。

　もっとも、この「公判中心主義」という概念そのものが多義的であり、また一般の方々には耳馴染みがない可能性もある。そこで、第1に、分析の視点となる、公判中心主義の意味を確認する。第2に、公判中心主義の観点からみたとき、裁判員制度はどのような変化をもたらしたのか、そしてどのような課題を抱えているのかを確認したい。

2. 公判中心主義の意義 ── 裁判員裁判導入以前の運用の確認をかねて

　『法律学小辞典(第5版)』(有斐閣、2016年)を確認すると、公判中心主義という概念は、「刑事事件の審理は裁判所の公判手続を主な舞台として行われるべきだとする考え方」を意味する。ここにいう「公判」とは、広くは公訴の提起以降、訴訟が終結するまでの一切の訴訟手続を指す。しかし、「公開の裁判」という言葉を縮約すると「公判」という言葉になることが示唆するように、狭くは公判期日における審理手続を指す。「公判」は、明治期に制定された治罪法の第4編に登場した概念であった。幾分の想像を交えるならば、公開の法廷で公正な裁判を行うという発想が「公判」という用語を生んだのだろう[2]。日本では、大正刑事訴訟(旧

1　最高裁判所事務総局『裁判員制度10年の総括報告書』(2019年) 6頁。http://www.saibanin.courts.go.jp/vc-files/saibanin/file/r1_hyousi_honbun.pdf (2020年1月23日最終閲覧)

刑訴法)を改正するか否かを議論する文脈において、「公判枢要主義」[3]または「公判中枢主義」という用語が用いられたが、この言葉が公判中心主義の淵源ともいうべき概念だと思われる[4]。この概念は、大正刑事訴訟法下で公判前に行われていた予審の審理と、その後に行われた公判での審理を対比して、後者における審理を実質化すべきという意味で用いられた。予審とは、事件を公判に付するに足りる嫌疑があるか否かを裁判官(予審判事)が決定する、公判前の手続である。もともとは、濫訴から被告人の利益を守る制度として、導入された制度であった。この予審判事による審理の段階で実質的な事実認定が行われ、その後の公判手続における審理が形骸化しているという問題意識から、公判枢要主義という概念が用いられたのである。

　その後、昭和刑事訴訟法が1948年に制定された際に、予審制度は廃止された。その際に、「公判中心主義」を目指すべきだという言葉がしばしば用いられた。昭和刑事訴訟法が施行された後には、捜査段階において作成された調書を広く許容し、また、公判において訴訟当事者が書証の証拠採用に同意する運用が広く行われた[5]。その結果、今度は、捜査機関の作成する供述調書が、公判手続における事実認定の際に、決定的な役割を担うに至った。そのような状況を変革し、公判手続における証

2　松尾浩也「演習」法学教室170号（1994年）90頁は、「公判」ということばについて、審理を公開して行うという考え方に「新鮮な感銘」を受けたであろう明治初期の先人が、「心を込めて作った」と評している。

3　小田中聰樹『刑事訴訟法の歴史的分析』（日本評論社、1976年）は、公判中心主義の証拠法上の表れというべき直接審理主義をめぐる議論の経緯を含めて分析している。

4　例えば、平沼騏一郎『新刑事訴訟法要論』（日本大学出版部、1923年）110頁は、公判中枢主義を大正刑事訴訟法の「基本観念」として掲げて、「舊法〔引用者注：明治刑事訴訟法〕ニ於テモ公判ヲ刑事訴訟手續ノ中枢ト為シタルコトハ争フヘカラス、然ルニ実際ニ於テハ豫審ニ於テ一切ノ訴訟材料ヲ蒐集シ公判ニ於テハ豫審ノ取調ヲ基礎トシテ判決ヲ為スカ如キノ觀アルヲ免レス、此ノ如キ慣行ヲ持續スルハ法律ノ精神ニ反ス、故ニ本法ニ於テハ法文ヲ以テ豫審ノ目的ヲ示シ公判ノ中枢タルコトヲ明ニセリ」としている。

拠調べを活性化しようとして用いられたのが、「公判中心主義」だった。

　ここまで大まかに述べたとおり、公判中心主義という概念は、日本に近代的な刑事司法制度が導入されてから、目指すべき目標として語られ続けてきた。その問題意識は、"公判手続の前の段階の手続では必ずしも公正性が十全に確保されているわけではないにもかかわらず、公判前の手続で実質的に裁判の帰趨が決せられてしまう"という状況を改善すべきだというものである。公判を核心的な手続にするにあたって、第1に登場したライバルが予審制度であり、第2に登場したライバルが捜査手続だったのである。

　1985年に、平野龍一教授が当時の日本の刑事司法を絶望的だと評したことで知られる論文において強調された点は、公判中心主義の実質的な意義を明確にするために、示唆に富む。平野教授は、当時の状況を「調書裁判」だと批判した。一般的に、捜査機関は、捜査段階で犯罪をしたと疑われる被疑者や、事件に関係する参考人を取り調べて、いわゆる供述調書を作成する。捜査を終えて、刑事裁判(公判審理)が始まると、捜査段階で作成された供述調書を用いて、裁判では証人尋問よりも供述調書を重視しているかのような形で審理が進められていた。

　そのような運用の問題点として、平野教授は、第1に、捜査段階で作成された調書によって公判の帰趨が決せられることを指摘した。裁判ではなく捜査が主戦場になってしまい、裁判は捜査の結果の報告の場に過ぎないものとなる。つまり、裁判が形骸化してしまうと批判したわけである。第2に、裁判官が公判廷で心証を形成せず、執務室で心証を形成

5　伝聞証拠禁止原則（刑訴法320条1項）とその例外（刑訴法321条以下）に、このような運用を許容しやすい側面がある。特に、被告人の供述調書や、捜査段階で検察官が被告人以外の者の供述を録取して作成した調書が、実務においても利用された。後者のような検察官面前調書の利用を認める刑訴法321条1項2号の廃止を提案し、また被告人の供述調書と検察官面前調書を許容する要件の厳格化を主張するものとして、後藤昭「公判中心主義」法律時報92巻5号（2020年）149頁以下がある。

することを問題だとした。法廷では、供述調書などの証拠を受け渡すだけで、裁判官が心証を形成するのは法廷での尋問の様子からではなく、執務室や自宅に持ち帰った供述調書等によって行うことになる。この点でも、裁判が形骸化すると批判したわけである。平野教授は、検察官や警察官の考えに乗っかるだけの裁判になってしまうと論評している。[6]

　この論評は、公判が中心となっていない状態であるときの問題点を端的に指摘している。そのため、これらを裏返せば、公判が中心であることの意義が明らかになる。すなわち、現行法の下における「公判中心主義の実現」とは、第1に、捜査段階で作成された調書に依存しない公判の実現を意味し、第2に、事実認定者は公判廷で心証を形成すべきことを意味する。

　このうち、第2の公判廷における心証形成の実現という点は、結局のところ、わかりやすい審理がなされなければ実現できない。審理のわかりやすさをもたらす要素は、①証拠の内容についての理解が容易であること、②証拠から立証事実を生き生きとした表象としてとらえられること（事実認定者が迫真性・臨場感を持って心証を得られること）、③証拠の信用性を判断しやすいことだといえよう[7]。このうち、①は書証も人証も証拠の性質次第では実現可能であるが、②は書証では困難である。③も、書証よりも人証の方が、話している人の表情や動作をみることができる上、裁判に関与している検察官や弁護人、あるいは裁判所が、証人に対して必要な質問もできる点で判断材料が多く、多角的な視点からの吟味

6　第2の点を意識した記述としては、「公判廷は、単に証拠を受け渡す場所、あるいはせいぜい証拠収集の場所（公判廷で証言させ、それを公判調書又は裁判官のメモに転換する場所）であるにすぎない。本来、心証をとる行為が『証拠調べ』だとすれば、わが国では『証拠調べ』は裁判官の自室・自宅でなされるといってよい。」と批判している点を挙げることができる。平野龍一「現行刑事訴訟法の診断」平場安治ほか編『團藤重光博士古稀祝賀論文集第4巻』（有斐閣、1985年）418頁。

7　堀江慎司「伝聞法則と供述証拠」法律時報84巻9号（2012年）29頁以下、32頁。

が可能であり、優れているものと考えられる。このように、分かりやすい審理は人証を中心として行う方が実現しやすいのだとすれば、公判廷で心証をとるためには、人証による審理が望ましい。

つまり、公判廷で心証を形成すべきだという理解は、わかりやすい審理を求めることになる。そして、わかりやすい審理は、捜査機関が作成した供述調書などの書面の証拠による裁判ではなく、証人尋問などの人が証拠となって行われる裁判を求めることになる。そのことは結果的に、捜査段階で作成された調書に依存しない公判の実現を求めることになるはずである。公判中心主義の２つの意義は、相互に密接に関連している[8]。

以上のように、公判中心主義は、「捜査手続は必ずしも公明正大さが確保されているわけではないにもかかわらず、捜査段階で実質的に裁判の帰趨が決せられてしまう」という状況を改善することをねらった概念だといえる[9]。

本稿では、以上の理解を前提として、公判中心主義が、捜査段階で作成された調書に依存しない公判の実現と、事実認定者は公判廷で心証を形成すべきことの双方を意味するという理解から、裁判員裁判の現状について検討したい。

---

8 平野教授は、次のように表現している。「アメリカやドイツが本気で公判廷で心証をとろうとしているのを単なる教条主義とみていいものであろうか。調書もまた『種々の配慮』から、多くの真実ではないものを含んでいる。それを『自室』で見抜く眼力を持つと裁判官が考えるのは自信過剰であり、大部分は実は検察官・警察官の考えにのっかっているにすぎないのではなかろうか」と（平野・前掲注６論文423頁）。

9 証拠法的な観点から言えば、人の供述を証拠とする場合、判決する裁判体の面前での供述によらなければならないという直接主義が要請されることになる。直接主義の意義について、例えば、宇藤崇「直接主義・口頭主義」法学教室268号（2003年）27頁以下参照。

3. 裁判員裁判による変化──公判中心主義の観点から

(1) 人証を重視する傾向

　証拠調べにおいて人証の取調べに審理時間の多くを割いている場合、人証を中心にした審理をしていると推測できる。最高裁判所は、被告人が事実を争わない自白事件について、法廷での証拠調べの平均時間を、人証と書証に区分して公表している。2011年時点では、裁判員裁判の公判において検察官が証拠調べ請求をした証拠の場合、公判廷での人証の取調べの平均時間は20.8分(20.0%)であった。他方で、公判廷での書証の取調べの平均時間は83.4分(80.0%)であった。その後、2015年には、検察官請求証拠における人証の取調べの平均時間は51.7分(45.6%)、書証の取調べの平均時間は61.7分(54.4%)になった[10]。最高裁判所の報告内容によれば、裁判員裁判の導入初期に比べると、人証の取調べ時間の割合は増加したといえる。なお、被告人が事実を争う否認事件については、法廷での取調べの平均時間は公表されていない(否認事件は事件の個性によって、取調べ時間が大きく異なり、平均値を算出する意義が乏しいからかもしれない)。

　2015年以降、書証の取調べを行う割合がわずかに増加する年もみられるが、人証と書証の取調べ平均時間の比率に大きな変動はない。検察官請求証拠について要した証拠調べの時間のうち、5～6割が書証の取調べに費やされる傾向にある。裁判員裁判の導入初期から現在に至る推移をみると、かつてに比べて、人証を取り調べるために審理時間を割く傾向が強まったといえる。

10　最高裁判所事務総局『裁判員制度10年の総括報告書・図表編』(2019年)43頁。http://www.saibanin.courts.go.jp/vc-files/saibanin/file/r1_diagram.pdf（2020年1月23日最終閲覧）

(2) 被告人質問先行型審理

　被告人質問先行型審理は、書証による審理を回避しようとする運用例の１つである。検察官が被告人の自白調書の証拠調べを請求したときに、裁判所は自白調書を証拠として採用するか否かの判断を留保する。公判廷では、自白調書の取調べは行わないまま、被告人質問を先に実施する。被告人質問において、被告人が自白調書と同じ趣旨の供述をした場合には、もはや自白調書を公判廷で取り調べる必要はないので、検察官に自白調書の証拠調べ請求を撤回させる。被告人質問において、被告人が自白調書と異なる内容の供述をした場合で、自白調書を取り調べるべき必要性が認められる場合には、採否を留保していた自白調書について、証拠採用する旨を決定する。

　以上のように、被告人質問先行型審理は、被告人の供述を公判廷に顕出させる方法として、「証拠調べの必要性」という裁判所の証拠採否裁量を活用する形で、自白調書よりも被告人質問を優先する点に特徴がある。この運用の目的は、もともとは裁判員に理解しやすい審理を実現する点にあった。公判廷で自白調書を朗読するよりも、被告人質問を実施する方が、裁判員にとって理解しやすいと考えられたのである。他方で、この運用は、捜査段階において作成された供述代用書面がそのまま公判廷において用いられて、公判に影響を及ぼすことを遮断する結果をも生じさせる。つまり、直接主義に適う側面をも有しており[11]、結果的には公判中心主義を実現するともいえる。そのため、裁判員裁判以外の通常裁判においても、被告人質問先行型審理を実施すべきではないかという問題意識も生じることになる。検察官からは、捜査を担う警察官や検察官

11　川出敏裕「直接主義の意義と機能」井田良ほか編『川端博先生古稀祝賀論文集下巻』(成文堂、2014 年) 681 頁以下、695–699 頁参照。

の取調べの技量の低下などを招くとの批判も出ているが[12]、公判中心主義の観点からすれば、被告人質問先行型審理は政策的に好ましい運用だと評価できよう。

　ただ、検察官の側に、自白調書を公判において利用したいという強い欲求が存在している状況の下で、裁判所が裁判員制度を理由に裁量で検察官の欲求を押し止めているに過ぎない。検察官の側には、捜査活動の成果物として供述調書に重要な価値があるという認識が抜き難く存在していることを示す。

(3)　証人尋問

　裁判員裁判は、証人尋問や弁論に関する技術論の活性化ももたらした。「証人尋問をどのように実施すればよいか」「反対尋問はどのように行えば有効か」といった議論が展開され、今も検察官や弁護士の間で研修も実施されている。このように証人尋問の技術に関する議論が活性化したのは、証人尋問が、裁判員に対して効果的に心証を形成させる方法だと考えられたからであろう。証人尋問の在り方について議論が活性化し、訴訟当事者が証人での立証を行うよう意識することは、裁判体が公判で心証をとるという意味でも、捜査段階で作成された供述調書の影響力が低下するという意味でも、公判中心主義の観点から望ましいことである。

　ただ、証人尋問や弁論が活性化したとはいえ、その内実は、なお課題を抱えているように思われる。例えば、検察官が実施する主尋問では、当該証人や被告人の捜査段階の供述調書をそのまま公判廷で証言させようとする傾向があるという[13]。そうだとすれば、実質的には、供述調書を

12　例えば、清野憲一「被告人質問先行に関する一考察」判例時報 2252 号（2015 年）3 頁以下等。

13　稗田雅弘「司法制度改革後の刑事裁判が目指すべき姿について」酒巻匡編『井上正仁先生古稀祝賀論文集』（有斐閣、2019 年）471 頁以下、477–478 頁。

朗読ではなく尋問の形にして再現するだけであり、調書の朗読から、尋問形式で供述調書の内容についてプレゼンテーションを行う形に変わったに過ぎないことになる。そうだとすれば、供述調書の内容をそのまま尋問において証言させて、争点と関係のない事項について、冗長でわかりにくい尋問を行うことになる点で、捜査段階で作成された供述調書に依存した構造から脱却したとはいえないだろう。

反対尋問においても、証人の供述が、捜査段階の供述調書における供述と異なっていることを逐一指摘して弾劾する形式が多く、公判における供述の信用性について抽象的な懸念を示すにとどまることも少なくないという[14]。ここでも、弾劾の手法は、捜査段階の供述調書における供述内容と公判での証言における供述内容との間の矛盾を指摘する形で行われており、弁護人もまた、供述調書に依存した弾劾を行うことも多いことを意味する。

このように、証人尋問が活性化したとはいえ、その内実は、なお捜査段階の供述調書等に依存している側面があることは[15]、見逃されてはならない。公判中心主義の外観を装いつつ、その内容は捜査中心主義から脱却できていないのではないか。検察官のみならず、少なからぬ弁護人も、捜査段階で供述調書ががっちりと作成されていることを前提として、裁判でその調書を利用するという発想が強いのであろう。この問題は、欧米等の諸外国に比べると、日本の刑事手続においては捜査機関が取調べを重視し、供述調書を数多く作成するという特色が影響しているように思われる[16]。私は、取調べを通じて捜査機関によって数多くの供述調書が作成される状況がある限り、この傾向が変化することは難しいだろうと

---

14 井戸俊一「刑事裁判における証人尋問の在り方について」判例時報2203号（2014年）3頁以下、4頁−6頁。

15 稗田・前掲注13論文478頁。

想像する。捜査の在り方と公判での立証の在り方は、密接に関連するのである。

(4) 二次証拠の利用

　裁判員裁判が、裁判員にとって理解しやすい審理を目指す結果、公判に提出される書証も変化した。

　供述調書や実況見分調書等の証拠書類は、捜査段階では、多数の情報を取り込んで作成される。その結果として、公判前整理手続で設定された争点とは無関係な情報も多く含まれている。そこで、検察官と弁護人が協議して、争点整理の結果として必要になると考えられる情報を絞り込んで記載した、統合捜査報告書が検察側によって作成されるようになった。特に、当事者間で争いのない事実について、統合捜査報告書が作成される。立証の対象を絞り込み、争点に関わる重要な情報を公判において示すことで、証人尋問や被告人質問を効果的に実施する前提事実を認定しやすくなるため、統合捜査報告書は公判で使用されているのである[17]。典型的には、犯行現場の状況、尋問や質問の前提となる事実経過、被害品の細目等が、統合捜査報告書で立証される。

　しかし、人証によるべきところを統合捜査報告書によって立証すると

16　例えば、アメリカ合衆国では、被疑者を逮捕する際に、取調べにおいて弁護人に立ち会ってもらう権利を有することなどの告知（いわゆるミランダ告知）が行われ、弁護人が立ち会う場合には弁護人が黙秘権行使を勧めるのが一般的である。この場合には、取調べが打ち切られる。近時の文献として、例えば、安部祥太『被疑者取調べの憲法的規制』（日本評論社、2019年）第2部参照。また、イギリスについて、「逮捕留置中に、通常1回、数十分からせいぜい2時間程度の被疑者取調べが行われるにすぎない」とされている。石田倫識「イギリスにおける弁護人の援助を受ける権利」法律時報92巻10号（2020年）71頁以下、72頁。

17　もとになっている一次証拠（供述調書や実況見分調書）から当事者が情報を取捨選択した統合捜査報告書によって、争いのない事実が認定されるということは、事実上、両当事者が合意した主張内容に、裁判所に対する拘束力をもたせるような形になりうる。日本の刑事訴訟法は、伝統的に弁論主義を採用していないと理解されてきたが、事実上、統合捜査報告書に記載された事実については弁論主義が適用されているようにも感じられる。

いう問題も指摘されている。例えば、統合捜査報告書に強盗傷害行為の際の暴行の事実が記載されていても、その態様の記載に具体性を欠くなど、情報が過剰に絞り込まれる結果、裁判員にとって却ってわかりにくい場合があるとの指摘もある[18]。公判で心証をとるという観点からみたとき、このような二次証拠による情報の取捨選択を、どのような場面でどこまで行うべきかは、課題になっているというべきであろう(そもそも、わかりやすさを求める結果として、このような加工された二次証拠を利用すること自体について、懐疑的な理解もありうるだろう)。

(5) 控訴審

　裁判員裁判における公判中心主義の一定程度の実現は、事実誤認を理由とした控訴がなされた場合における控訴審の審査にも、影響を与えている。

　日本の裁判所が三審制を採用しているとしばしば説明されている。裁判員裁判は、最初の段階である、第1審において行われる。これに対して、第2審である控訴審は職業裁判官だけで審理を行う。被告人や検察官は、第1審の判決に不服があるときに、控訴をすることができる。不服を申し立てる理由の1つとして、第1審の判決で認定された事実に誤りがあることを挙げることができる。これを、事実誤認を理由とした控訴と呼ぶ。

　控訴審の裁判官は、事実誤認を理由とした控訴がなされた場合、公判中心主義が実現した第1審の裁判員や裁判官とは異なる環境で審理することになる。第1審の裁判所では、裁判員と裁判官が供述調書よりも人証を中心に審理し、執務室ではなく公判廷で心証をとることが期待される。これに対して控訴審は、人証の態度や挙動を直接に観察できるわけ

18　稗田・前掲注13論文479-480頁。

でもなく、また第1審同様に公判廷で心証をとることができるわけでもない。控訴審が、改めて人証を調べても、第1審よりも記憶が劣化した人証を取り調べるだけとなる。それを避けようとして、書面による証拠や第1審の判決文を分析して判断しようとする場合、控訴審の裁判官たちは、証人を直接に観察できるわけでもなく、また第1審同様に法廷で心証をとることができるわけでもない。それにもかかわらず、控訴審の裁判所が、法廷での証言に基づいて判断された第1審判決を覆せるというのは問題があるのではないか―という問題意識が生じうる。

その結果、最高裁判例は、控訴審が事実誤認を理由として第1審判決を破棄する際には、第1審判決について「論理則、経験則等に照らして不合理であることを具体的に示す」ことを求めた。[19]この判例の意味するところは、控訴審の判断対象は、第1審の判決であり、第1審判決の理由が充分に説得的かを論理則や経験則等の観点から審査するという形で審理すべきだ、ということである。

基本的には、控訴審が、公判中心主義の実現した第1審よりも良質な証拠によって審理することは難しい。そのため、第1審の判決書について、論理的な飛躍や経験則に反するような事実認定があるかどうかをチェックする形で、控訴審は審理を行うことを考えたのだろう。[20]

第1審が供述調書を中心として審理されていた時代には、控訴審も供述調書で審理するならば、基本的には、どちらも同じ証拠で審理することになる。そのため、控訴審は第1審の判断を破棄する際に、第1審の判決を分析するよりも、控訴審が証拠から自ら心証を形成して判断するというスタイルをとることができた。しかし、裁判員裁判等が導入され

19　最判平成 24・2・13 刑集 66 巻 4 号 482 頁。

20　講学上、このように控訴審が第1審の判決の適否を審査し、控訴審において事実取調べを改めて最初から実施することを前提としない形態を事後審と呼ぶ。

ることで、第1審において、公判中心主義がある程度実現した。その結果、控訴審は、基本的には審理のスタイルを変えて、第1審の判決文を分析して、判決に問題がないかを審査することによって、誤った事実認定があるか否かをチェックするようになったわけである。その結果、裁判員裁判によって出された第1審の判決は、ある程度その結論が尊重される傾向になるように思われる。

　控訴審の手続や判断の在り方については、裁判員制度の導入に伴う法改正は一切行われていない。しかし、裁判員裁判を行うことが変化をもたらしたといえる。このように、裁判員裁判の実施を通じて、第1審における公判中心主義の建前が、控訴審の審理・判断の在り方にも影響を及ぼしたといえる。

4. 2つの裁判手続

　以上述べてきたとおり、裁判員裁判は、公判中心主義の観点からみて、刑事裁判の在り方に一定の変化をもたらした。しかし、裁判員裁判の対象事件ではない、通常の刑事事件については、必ずしも同じようには変化していないように思われる。通常の刑事事件では、書証を中心とした審理を行っている事案、つまり証人尋問よりも書面による審理を重視しているようにみえる事案も多い。

　2009（平成21）〜 2018（平成30）年の10年間の統計を確認すると[21]、裁判員裁判対象事件における平均取調べ証人数は3.1人であるのに対して、裁判員裁判対象事件を含む通常第一審全体における平均取調べ証人数は0.7人である。裁判員裁判対象事件を含めた平均値でも0.7人とい

21　裁判所『裁判の迅速化に係る検証に関する報告書（第8回）』（2019年）86頁。
　　https://www.courts.go.jp/vc-files/courts/file4/hokoku_08_03keiji.pdf

うことは、裁判員裁判対象事件以外の事件では、さらに平均取調べ証人数が低いことが予測できる。

　このように裁判員裁判対象事件以外の事件で、証人の数が少ない理由としては、被告人が否認している事件の割合が、裁判員裁判対象事件では51.2%であるのに対して、通常第一審では9.3%であることや、裁判員裁判対象事件は重大な犯罪を扱っていることを挙げられる。しかし、それだけが理由ではない。統計上、通常第一審では、否認事件のみの平均証人尋問公判回数(証人尋問を行った公判期日の回数)が2.2回であるところ、裁判員裁判対象事件では、自白事件・否認事件込みの平均証人尋問公判回数が2.2回である(端的に対比できないのは、統計の公表形式の影響である)[22]。ここからは、否認事件に限って通常の刑事事件と裁判員裁判対象事件を対比しても、裁判員裁判対象事件の方が証人取調べを実施する傾向が強いことを推測できる。

　結果として、公判中心主義が一定程度実現した刑事裁判と、書証中心(つまり捜査中心)の刑事裁判という、2つの刑事裁判手続が存在しているというのが、日本の現在の状況だともいえる。裁判員裁判対象事件ではない、通常の刑事事件においても争いがある場合には、広く公判前整理手続とその下での証拠開示を実施し、可能な限り人証を中心とした審理形式に移行することが課題だといえよう[23]。

22　裁判所・同前91頁。

23　上述したように、検察官からは、被告人質問先行型審理は裁判員裁判のみで実施されるべきだとする主張もなされている。しかし、被告人質問先行型審理は、裁判員裁判以外の事件においても活用されるべきであるし、実際、裁判員裁判以外の事件の公判でも取り組まれつつある。被告人質問先行型審理を、裁判員裁判以外の事件にも拡大して適用していくべきだとするものとして、岡慎一＝神山啓史「『裁判官裁判』の審理のあり方——ダブルスタンダードは維持されるべきか」判例時報2263号（2015年）8頁以下。

5. 新型コロナウイルス感染症の流行と対応

2020年から日本でも新型コロナウイルス感染症の流行が深刻な問題となった。裁判員裁判にとっても、裁判員や証人を含む訴訟関係人の感染を防ぎつつ、公判廷で審理を行うことができるのかが、重要な課題にならざるをえない。このことは、公判中心主義の観点から見ても、大きな問題になりうる。なぜならば、「事実認定者は公判廷で心証を形成すべきであるところ、公判廷への訴訟関係人の出席を確保できるのか」、「出席を確保できない場合には、捜査段階で作成された調書に依存する審理になってしまわないか」という問題が生じる可能性があるからである。そもそも、裁判員を確保できるか否かも、問題になりうる。

裁判所は、公衆衛生に関する専門家の知見に基づいて、①合理的な理由がある場合を除いたマスクの常時着用、②手洗いおよび手指消毒の励行と消毒薬の設置、マイクなどの共用部分の消毒、③発熱等の体調不良のある場合に来庁を控える協力依頼等を行っている。また、法廷においては、傍聴席の間隔を一定程度空けるとともに、訴訟関係人の人数を最小限にするよう依頼するなどの措置をとっている[24]。

また、裁判員裁判に固有の問題としては、裁判員選任手続を挙げることができる。裁判員選任手続では、選任手続期日に、運用上、候補者30名弱の出席が求められている[25]。多くの人数の候補者が集まるため、対応が不十分であれば、感染が裁判所で発生するリスクが生じ、裁判員制度の運用そのものが危機に瀕する可能性もあったといえる。しかし、

---

24 裁判所「裁判所の新型コロナウイルス感染症の感染防止対策」https://www.courts.go.jp/vc-files/courts/2020/202012zentai.pdf（2021年6月2日最終確認）参照。

25 裁判所「裁判員裁判の実施状況について（制度施行～令和3年3月末・速報）」5頁。https://www.saibanin.courts.go.jp/vc-files/saibanin/2021/r3_3_saibaninsokuhou.pdf（2021年6月2日最終確認）。

新型コロナ／裁判員席にアクリル板――裁判員裁判が再開した東京地裁の法廷。感染防止のため、裁判員の席に飛沫防止のアクリル板が設置されていた（2020年6月2日。写真提供：時事通信）

　現在のところ、裁判所は候補者に体温測定、マスク着用、手指消毒を依頼するとともに、裁判員等選任手続室は広い部屋を使用するなどして、候補者間の距離を確保するなど、各種の対応をとることによって、この問題に取り組んでいる。また、裁判員候補者に主要な感染防止策については告知も行っているようである。

　公判においては、裁判官や書記官等職員はマスクを着用し、検察官や弁護人にマスクの着用を依頼するとともに、法壇にアクリル板を設置し、公判期日の指定においても通勤時間帯を避けるなどの対応をとっている。評議室も、相互に距離を確保できる広い部屋を使用し、定期的な換気をおこなっているようである。[26]

26　以上の諸対応について説明しているものとして、法務省「裁判員制度の施行状況等に関する検討会（第15回）議事録」4頁以下 http://www.moj.go.jp/content/001337192.pdf（2021年6月2日最終確認）。

統計上、裁判員候補者の出席状況は、新型コロナウイルス感染症の流行がある中でも、大きな変化はないが、その背景には、これら感染防止策が裁判員候補者らの理解を得ている側面もあるのであろう。少なくとも、「訴訟関係人や裁判員候補者が出席しないから、そもそも公判審理が成り立たない」という深刻な事態は、ひとまず回避されているといえる（関係者の尽力に、敬服するところである）。

　他方で、裁判員裁判の実施の準備を行う公判前整理手続の期間は、長期化する傾向にある。被告人が事実を争わないいわゆる自白事件における公判前整理手続期間は、新型コロナウイルス感染症の流行前の数年間は、6カ月程度であった。しかし、新型コロナウイルス感染症の流行後である 2020 年は 8.1 カ月、2021 年は 3 月末時点で 8.2 カ月である。被告人が事実を争う否認事件においても、公判前整理手続期間は長期化している。新型コロナウイルス感染症の流行前の数年間は、10 カ月程度であった。新型コロナウイルス感染症の流行後である 2020 年は 11.7 カ月、2021 年は 3 月末時点で 12.7 カ月である[27]。緊急事態宣言等が発出されるなど、感染状況が悪化しているときをはじめとして、公判前整理手続期日や公判期日を入れるタイミングを判断するのが難しい事案があることを、この統計は示唆しているのではないか[28]。

　また、公判審理において、訴訟関係人がマスクを着用することについて、弊害があることを指摘する論者もいる。第 1 に、弁護人が弁論を行う際にマスクを着用していると、表情を裁判官や裁判員に伝えられないため、論理と感情をともに示す形での全力の説得をできないという。第

27　裁判所・前掲注 21 報告書 6 頁。

28　裁判員裁判が重大事件を対象に行われるため、被告人が勾留されている事案もある。そのため、公判前整理手続の長期化は、被告人の身体拘束が長くなる可能性を示唆する。裁判員の出席の確保や公判審理の維持の利益と、被告人の身体拘束の長期化という不利益を調整する難しさを読み取ることも可能だろう。

２に、証人や被告人がマスクを着用する結果、これらの者の表情(口元や鼻など)が見えなくなるため、その供述の信用性を判断する材料の１つが失われ、しかも尋問者にとって最適な尋ね方を判断する際にも問題があると指摘されている。第３に、特に反対尋問の際には、証人は尋問者の表情(自信に満ちた表情で問うているのか,不安げに問うているのか等)をみて、答え方を変えうるところ、尋問者側がマスクを着用していると本来出るべき証言が出なくなったり、内容が変わってしまったりすると指摘されている。第４に、マスクを着用していると、訴訟当事者の集中を阻害するという[29]。

　これらの指摘は、公判中心主義の観点からは、「事実認定者は公判廷で心証を形成すべきという要請をどこまで実質的に担保すべきか」という問題にかかわる[30]。被告人・弁護人からすれば、重要な局面の証人尋問では、誤判の危険にもかかわるという評価もありえよう。他方で、上の各指摘に対する対応策を構築することは、容易ではない。特に、感染する可能性が高い変異株の流行が生じるに至った場合には、問題は深刻である。裁判員その他の関係人の理解や協力を調達できるか否かや、施設上の措置をどこまでなしうるかにも依存する問題であり、困難な問題である。当該証人・証言の重要性と感染リスクの大きさを衡量して、事案ごとに判断せざるをえないだろう。オンラインでの審理も対応策たりうるが[31]、画面越しでの尋問は、ビデオリンク方式の尋問と同じように心証をとりにくい可能性もある上、裁判員が自宅から接続することの可否

29　小林英晃「被告人の権利を『自粛』させる刑事裁判」法学セミナー791号（2020年）30頁以下、32-35頁。

30　証拠法の観点からみれば、人の供述を証拠とする場合に、判決する裁判体の面前での供述によらなければならないという直接主義が日本でも採用されているが（刑訴法320条１項参照）、その理由の１つとして、事実認定者が供述者の供述態度を法廷で直接に観察できるという長所を挙げるのが一般的である。マスクの着用は、このような長所を減殺させる可能性があるともいえる。

や接続環境(通信状況や家族が評議を視聴できてしまう可能性)の問題など、検討すべき問題も多い。

6. 公判中心主義の観点から見た評価

　本稿では、公判中心主義の実現の程度を評価の物差しとして、裁判員裁判の現状と評価を行った。裁判員裁判が導入された結果、一定程度は、公判中心主義が実現したといえる。公判において証人を取り調べる時間の割合が、かつてよりも増加し、被告人質問先行型審理が実施されたことなどは、その例である。

　同時に、公判中心主義の観点からは、現在の運用は様々な示唆を与える。被告人質問先行型審理からは、公判中心主義の実現の程度は、裁判所の証拠採否裁量の行使の仕方に影響されていた。裁判所が、人証を採用するという確固たる姿勢を示せば、公判中心主義の実現に近づく。このことは、証拠採否にかかる裁判所の姿勢や、それを後押しする証拠法上のルールの設定が、公判中心主義の実現には大きく影響することを意味する。

　また、証人尋問が裁判員裁判の実施によって活性化したが、その内実は、捜査段階の供述調書に依存した運用であることを指摘した。証人尋問が、調書をなぞるだけのものになるのを防ぐには、証拠法上の規律のみならず、捜査段階の調書の作成の在り方や取調べの果たすべき役割についての再考が必要であろう。

　この現象は、より普遍的なものであり、あらゆる組織や手続に通じる

31　諸外国の事例を報告するものとして、指宿信「コロナと闘う世界の刑事司法」法学セミナー 794 号（2021 年）50 頁以下．また、アメリカ合衆国を例とした法的対応の枠組みに関して、緑大輔「災害と刑事裁判」法律時報 93 巻 10 号（2021 年）10 頁以下参照。

ことかもしれない。組織や手続の一部分を変化させたとしても、他の部分が以前のままであれば、その組織や手続が期待した変化を充分に遂げられないことがある。裁判員裁判もその例にあてはまりうる。他方で、逆に、裁判員裁判がもたらした変化が、控訴審の審理にも変化をもたらした。組織や手続の一部分を変化させたことが、波及効果をもたらし、他の部分を変化させたのである。制度や手続においては、様々な部分がシステムとして有機的に結びついているからこそ、このような現象も生じる。制度や手続を変化させるときには、どのような場面に、どのような影響をもたらすのかを見据えつつ議論することが大切であることを、裁判員裁判は例証している。

　公判中心主義は、公判手続にかかわる公判法のみならず、捜査、証拠、上訴といった刑事手続の総体が有機的に機能して、初めて実現する。さらに、訴訟関係人や一般市民が公判廷に出席するという一見すると当然のことですら、公判審理の前提として重要な要素であり、実現するために様々な配慮が必要になりうることを、新型コロナウイルス感染症の流行が示した。

　裁判員裁判が導入され、部分的に公判中心主義が実現したとはいえ、なお、「取調べ中心主義」の強さを感じずにはいられない。[32]他方で、漸進的とはいえ、公判で心証をとれるようにするための変化も生じている。この変化を大切に守り育てることが、重要だといえるだろう。そして、新型コロナウイルス感染症の流行は、公判中心主義の基盤を掘り崩す可

32　本稿では、裁判員裁判固有の問題ではないために触れなかったが、被疑者取調べの録音録画記録媒体を、自白の任意性を証明するためではなく、実質証拠（被告人の有罪・無罪を判断する証拠）として用いることの可否も重要な問題である。取調べの録音録画媒体を公判で視聴することを広く許容すると、捜査段階の取調べに依存した公判という構造が強まる。この問題を論じる文献は数多いが、近時の文献として、小川佳樹「取調べの録音・録画記録媒体の証拠としての利用」論究ジュリスト 31 号（2019 年）92頁以下、青木孝之「取調べ録音録画記録媒体の実質利用・補論」一橋法学 19 巻 2 号（2020年）1 頁以下とそこでの引用文献および引用裁判例を参照。

能性もあったが、法曹をはじめとする関係者の尽力や、出席する裁判員候補者その他の関係者がそれを食い止めている様子を確認した。裁判員裁判そのものを守り育てる姿勢を見出すことができるだろう。裁判員裁判の今後は、法曹関係者や市民のかかわり方にかかっている。制度を動かし、育てるのは、その制度にかかわる人々なのである。

（みどり・だいすけ）

第3章

裁判員裁判における事実の認定
チョコレート缶事件最高裁判決 (最判平成 24·2·13) を題材に

青木孝之

1. はじめに

　本稿に与えられたテーマは、「裁判員裁判における事実の認定」である。当該事件で選任された裁判員は、職業裁判官とともに、職業裁判官と同じ権限をもって、法廷で適法に取り調べられた証拠から、特定の事実が認定できるかどうかを判断する。かかる判断を積み重ねて、最終的には、審判対象として掲げられた公訴事実(訴因)の存否を判断する。その内容は、職業裁判官が積み重ねてきた営為と全く変わりない。しかし、「裁判員裁判における事実の認定」とは、主語が「裁判員」に限定された「事実の認定」である。すなわち、事実を認定する主体が、職業裁判官から裁判員及び職業裁判官のいわば混成チームに替わることによって、職業

1　裁判員法 6 条 1 項 1 号参照。

裁判官の聖域とされてきた事実認定の領域に何らかの変化が生じ得るのか。本稿は、そのような問題意識にもとづく。

そのための題材として選んだのが、いわゆるチョコレート缶事件最高裁判決（最判平成24・2・13刑集66巻4号482頁）である。この事件においては、被告人が、氏名不詳者らと共謀の上、営利の目的で、クアラルンプール国際空港において、成田国際空港行きの航空機に搭乗する際、覚せい剤合計998.79グラムをビニール袋3袋に小分けした上、チョコレート缶3個（以下「本件チョコレート缶」という。）にそれぞれ収納し、これらをボストンバッグ（以下「本件バッグ」という。）に隠して、機内預託手荷物として預けて航空機に積み込ませ、成田国際空港において同バッグを機外に搬出させ、もって、覚せい剤を輸入したとして起訴された。[2] 成田国際空港における税関検査の結果、覚せい剤の存在が発覚し、被告人はその場で現行犯逮捕されたが、その時点から、一貫して、手荷物の中に覚せい剤があることは知らなかったと、覚せい剤の存在についての認識を否定している。しかるところ、この事件は、一審の裁判員裁判（千葉地判平成22・6・22刑集66巻4号549頁）が無罪、職業裁判官3名から構成された二審（東高判平成23・3・30刑集66巻4号559頁）が逆転有罪、そして最高裁が再逆転無罪という劇的な経過をたどった。一審判決が下された当時、一般市民である裁判員が加わった裁判で初めて全面無罪事件が出たことで注目を浴びたが、それにとどまらず、職業裁判官のみからなる二審の合議体が結論を覆し、最高裁第一小法廷がさらにそれを覆したということで、否が応でも、事実認定者の属性が事実認定上どのような影響を与えたのかが、意識されるようになった。

なお、チョコレート缶事件最高裁判決を皮切りに、その後、裁判員裁

2　被告事件名（罪名）は、覚せい剤取締法違反及び関税法違反（後者については未遂）である。事実としてはぼ同一であるので、法的擬律の点は捨象する。

判の事実認定（有罪・無罪の判断）と、職業裁判官の事実認定（同）が相違する裁判例がいくつも出ているが、それらに触れることはしない。本稿の問題意識は、あくまで、事実認定者の属性が事実認定にどのような影響を与え得るのか、その点を考えるきっかけを提供することにあり、個々の裁判例の当否を論じようとするものではないからである。

2. 被告人の弁解

　本件では、被告人が機内預託手荷物として本邦に持ち込んだボストンバッグの中にチョコレート缶3個が在中し、それぞれの缶の中にビニール袋に小分けされた覚せい剤（合計3袋）が入っていたことに争いはない。すなわち、外形的な事実として、被告人が禁制品である覚せい剤を輸入したことに間違いはない。犯罪の成否を直接左右する争点はただ1つ、被告人が、自ら持ち込んだ預託手荷物の中に覚せい剤が入っていることを認識していたか否かである（以下、この点の認識を「被告人の覚せい剤の認識」という。）。この点について被告人はどのような弁解をしているのであろうか。

　被告人は、逮捕された直後は、本件チョコレート缶について、マレーシアで知らない外国人から日本に持って行くように頼まれ、預かったものであって、覚せい剤が入っていることは知らされていなかったと述べていた。その後、日本国内にいるNという人物（外国籍と思われるほかは不詳）から、報酬30万円の約束で、航空運賃等を負担してもらった上で

3　主なものとして、①最決平成25・4・16刑集67巻4号549頁、②最決平成25・10・21刑集67巻7号755頁、③最決平成26・3・10刑集68巻3号87頁、④最判平成26・3・20刑集68巻3号499頁、⑤最判平成30・7・13刑集72巻3号324頁等がある。これらの裁判例では、一審と二審で有罪・無罪の判断が異なるところ、最高裁はいずれも有罪の判断を支持したことが目を引く。

偽造旅券を日本に密輸することを依頼され、渡航したマレーシアでJという人物(前同)から旅券を受け取った際に、Nへの土産として本件チョコレート缶を持って行くよう頼まれたと述べるようになった。しかるに、捜査の進展に伴い、日本で旧知のK.Dなる人物(前同)から被告人が送金を受けていることについて説明を求められるや、Nではなく、K.Dからの依頼を受け、Jから偽造旅券を受け取ったもので、同旅券はK.Dを介してNの手に渡ることになっていた旨の説明をするようになった。なお、本件当時、K.Dは、本件とは別の覚せい剤輸入事件の共犯者として大阪地方裁判所に起訴され、第1審で無罪判決を得た後、検察官控訴により大阪高等裁判所で審理を受けていた。被告人は、こうした訴訟経緯をK.Dから聞かされていた[4]。

　以上のとおり、被告人の弁解は二転三転しており、内容も複雑である。本件チョコレート缶について整理すると、①見知らぬ人物から日本国内への持込みを依頼されて預かった、②Nからの依頼で偽造旅券を密輸入する際、JからNへの手土産として預かった、③K.Dからの依頼で偽造旅券を密輸入する際、JからNへの手土産として預かったと、供述を変遷させたことになる。一見して訝しい供述経過であり、隠し仰せなくなった都合の悪い事実を小出しにしたと疑うこともできる。現に、上記で触れたとおり、②から③へ供述を変遷させた直接のきっかけは、日本で旧知のK.Dから被告人が送金を受けている事実について説明を求められたことにあると思われる。被告人が最後までその存在を隠そうとしたK.Dなる人物が、別件の覚せい剤輸入事件で訴追されていることを考え合わせると、被告人の周辺に、複数関係者による計画的な覚せい剤密輸入の存在を感じざるを得ない。もちろん、被告人の弁解が多少怪

4　刑集66巻4号486–487頁。

しいとか、矛盾点をはらんでいるからといって、検察官立証が嵩上げされ、有罪認定が可能ということはならない。現に、被告人の弁解内容（弁解せず黙秘していることも含めて）に疑問を呈しながらも、なお公訴事実の存在につき合理的疑いが残るとして無罪の結論に至った裁判例は、実務上散見される[5]。したがって、本件被告人の弁解内容が上記のように変遷したからといって、直ちに有罪認定されることにはならないが、それは証拠調べを終えた最終局面における法律判断であって、審理に沿った生の心証形成過程においては、裁判員に一定の影響を与えた可能性は否定できないであろう。

　いずれにせよ、本件においては、海外への小旅行というある意味日常的な場面を背景に、被告人が中身を知らされず知人から預かったと主張している手荷物（チョコレート缶）の中に覚せい剤が入っていたことが問題になった。被告人は、覚せい剤の存在を知らなかったと一貫して無罪を主張しているが、その一方で、上記のとおり、曖昧な弁解を繰り返している。そのことを前提に、裁判員を含む合議体は、検察官が被告人の覚せい剤の認識を立証できると考えて法廷に提出した各証拠（情況証拠）の評価に臨むことになったのである。

3. 事実審の経過

(1) 一審判決

　検察官は、一審において、被告人が現行犯逮捕された経過等を立証し、犯行の態様や被告人の税関検査での言動、被告人の弁解状況などを被告人の覚せい剤の認識を推認させる間接事実であると指摘した。そし

5　事実認定上のリーディングケースの１つである大阪母子殺害事件最高裁判決（最判平成22・4・27刑集64巻3号233頁）も、その一例であろう。

裁判員と裁判官が事実の認定や量刑を話し合う評議室（大阪地裁、2009年9月30日。写真提供：時事通信）。

て、これらを総合すれば、被告人の覚せい剤の認識が認められる旨主張した[6]。

　これに対し、裁判員を含む一審(千葉地裁)の合議体は、被告人の覚せい剤の認識を裏付けるために検察官が主張した間接事実を6点に分類し、それが被告人の違法薬物の認識を裏付けるかについて、個別に検討した[7]。その6点の間接事実とは、以下のとおりである。

　　①　被告人が自ら本件チョコレート缶を本件バッグに入れて手荷物として持ち込んだ事実[8]

　　②　被告人が30万円の報酬を約束され、航空運賃等を負担しても

6　刑集66巻4号487頁。

7　刑集66巻4号550頁以下。

8　被告人が、マレーシアでJから本件チョコレート缶を手渡しされて預かった事実に争いはないが、その際、被告人は、受け取ったチョコレート缶を自分の手で本件バッグに入れたものとされている。検察官は、そのこと自体が、被告人が違法な薬物の存在を認識していたことを推認させる旨主張しているものと考えられる。

らった上で、関係者に渡すために本件チョコレート缶を持ち帰った事実

③　本件チョコレート缶が不自然に重い事実

④　被告人の税関検査時の言動

　ア　被告人が税関検査の際に預り物はないと嘘をついた事実

　イ　被告人が本件チョコレート缶のエックス線検査結果を知らされる前に、税関職員に対し他人から本件チョコレート缶をもらったと述べた事実

　ウ　本件覚せい剤が発見された際等に被告人に狼狽した様子がうかがわれなかった事実

　エ　発見された白色結晶について税関職員が被告人に質問したところ、被告人が「見た目から覚せい剤じゃねえの。」と発言した事実

⑤　被告人が別件の覚せい剤輸入事件で裁判中であるK.Dらから高額の報酬を約束され、渡航費用を負担してもらうなどして依頼を受けていた事実

⑥　被告人の言い分が不自然である事実

　これらの間接事実について、一審判決は、次のように分析し評価を下した。

　①について、本件チョコレート缶の内容物を外側から確認することはできず、また、外見的には開封等された様子もなかったのであるから、被告人が自ら本件チョコレート缶を本件バッグに収納したからといって、本件チョコレート缶に違法薬物が隠されていることが分かったはずであるとまではいえない。②について、被告人は30万円は偽造旅券密輸の報酬である旨弁解しているところ、現に税関検査時に偽造旅券を本件バッグ内に所持していたことなどを考慮すると、報酬を受け取り、航

空運賃等を負担してもらっているからといって、預かった手荷物の中身が違法薬物であると分かったはずであるとまではいえない。③については、被告人が本件チョコレート缶を他の缶と持ち比べる機会はなかったのだから、本件チョコレート缶の重量感からチョコレート以外の物が隠されていると気付くはずであるとはいえない。

次に、被告人の税関検査時の言動(上記④ア〜エ)についてであるが、④アについては、被告人が厳密な税関検査を受けることを煩わしく思って嘘をつくことはあり得るし、偽造旅券を所持していたことから嘘をついたとも考えられる。④イについては、被告人は本件チョコレート缶を受け取った際にその中に違法薬物が隠されているのではないかという一抹の不安を感じたが、その後、外見上異常がないことを確認して不安が払拭されたというのであり、エックス線検査を行っている状況に置かれた被告人が再度不安を抱いて預り物であると正直に申告しようと考えたというのも十分に理解できるから、④イのような言動により、被告人が違法薬物の存在を知っていたと断言することはできない。④ウについては、動揺していることが表情等にどのように表れるかは個人差があり、このような言動から直ちに被告人が最初から違法薬物の存在を知っていたとまではいえない。④エについては、被告人はそれ以前の調査の過程で覚せい剤のカラー写真を見せられていたから、④エ記載の事実があったからといって、被告人が覚せい剤の存在を最初から知っていたとはいえない。

他方、⑤については、違法薬物との関わりが疑われる人物から高額の報酬を約束されるなどして渡航し、日本国内の第三者に渡すように依頼されて本件チョコレート缶を受け取ったことは、被告人が本件チョコレート缶の中に違法薬物が入っているかもしれないと考えていたことをうかがわせる事実といえると積極的に評価した。

その一方で、⑥の検討に移り、本件チョコレート缶の中に違法薬物が入っているとは思わなかった旨の被告人の弁解について、本件チョコレート缶は外見上異常がなかったこと、被告人は、偽造旅券等の入った黒色ビニールの包みを税関職員等の目に付きにくい本件バッグの底の方に入れていたにもかかわらず、本件チョコレート缶は目に付きやすい本件バッグの最上部に横並びで収納していたこと、被告人は、税関検査の際に上記の黒色ビニールの包みを開けるよう求められた際には、「企業秘密だから。」などと述べて拒絶したにもかかわらず、本件チョコレート缶のエックス線検査や開披検査を求められるや、直ちにこれを承諾したことなどを考慮すると、被告人の弁解が一概に信用できないとはいえないとして、消極の評価を下した。

　以上のとおり、一審判決は、検察官が公訴事実の存在を推認させる間接事実として挙げた6つの主要な間接事実のうち、1つ(上記⑤)については一定の推認力を認めたものの、他の5つについては(同①～④及び⑥)、それ自体推認力が乏しいか、あるいは、被告人の弁解を前提にしても説明がつくものである旨の消極評価をして、被告人に無罪を言い渡した。

(2) 二審判決

　これに対し、検察官が控訴して事実誤認を主張した。職業裁判官3名からなる二審(東京高裁)の合議体は、その判決書において、被告人の弁解が信用できない旨をまず指摘した。被告人は、本件チョコレート缶[9]を本邦に持ち込んだ経緯について供述を何度も変遷させているうえに、覚せい剤輸入事件で裁判中のK.Dから委託されて渡航した事実を隠そ

9　刑集66巻4号564頁以下。

うとしており、信用できないというのである。前記のとおり、被告人の弁解が信用できないからといって、挙証責任を負う検察官の立証が成功に転じて評価されるものではない。その一方で、被告人の弁解がいささか不自然な内容を含んだものであることは、無罪説を採った一審の合議体も自認するところであろう。したがって、被告人の弁解が不自然な内容を含むと強調することにどこまで意味があろうかとも思えるのだが、本件では、証拠構造上、検察官が有罪立証に使いたい間接事実の多くが、被告人の弁解を前提にしても説明がつきかねないものであるという特殊な事情があった。そのような事情を前提にすると、判決に影響を及ぼすことが明らかな事実誤認(刑訴法382条)を理由として原判決を破棄する腹を固めた控訴審としては、判決の構成上、被告人の弁解が信用できないものであることを改めて論証せざるを得なかったのかもしれない。

　二審判決は、引き続き、間接事実の評価に関する一審の判断を否定して覆していく[10]。検察官が一審で主張した各間接事実のうち、上記①、②、④、⑤、⑥などは、被告人に覚せい剤の認識があったと認定する一つの証拠となり得るというのである。二審判決は、このような間接事実の評価にもとづき、この点に関して一審判決が指摘した疑問や説示は是認できないとした上で、これらを総合すれば、被告人の覚せい剤の認識を認めるのが相当であるとし、逆転有罪(主刑は懲役10年及び罰金600万円)の判決を下した。

(3)　若干の検討

　以上のとおり、同じ間接事実を前提にしながら、一審は消極方向、二審は積極方向と、その評価は対極に分かれ、そのことが無罪(一審)及び

10　刑集66巻4号569頁以下。

有罪(二審)の結論を直接左右した。では、同じ事実を目の当たりにしながら、なぜ評価の相違が生じたのか、その原因を考えてみると、被告人の弁解をどうみるかについて、両者の間には大きな溝があったことが窺われる。被告人が持ち込んだ機内預託手荷物に覚せい剤が入っていた外形的事実に争いはなく、被告人は他人からチョコレート缶ごと預かったもので、その中に覚せい剤が入っているとは知らなかったと弁解している。そのような状況下で、当該弁解を信じるか信じないかは、弁解を聴いた者の個人的感覚に委ねられるところが大きいのではないか。

　一方の極には、海外旅行に行って帰国便に乗る際、素性もよく分からない第三者から「日本の知人に届けてくれ」と依頼され、手土産として預かったということ自体、怪しげな話だという感覚がある。堅実・勤勉で潔癖な国家公務員である検察官や裁判官は、このような感覚を持っている人が少なくないであろう。もちろん、彼ら・彼女らは、事件処理を通じて、どろどろした人間関係や裏社会の論理・感覚にも通暁しており、一個人としての感覚に拘泥して証拠の推認力評価を簡単に誤るほど愚かな存在ではない。しかし、様々な評価を与え得る生の社会的事実を見た場合、その人の生活環境や生活体験にもとづき育まれた感覚が、事実の評価に微妙に影響を与えることも、また否定できない事実であろう。客観的に存在する事象を主観的にどう評価するかについては、評価主体の属性を因子から完全に切り離すことはできないのである。

　だとすれば、平均的な検察官や裁判官が本件の事実関係を見た場合、無意識のうちに、素性の知れない人間から手荷物を預かることなど、何か特別の理由がなければ基本的にあり得ない話であると考え、それを出発点に証拠を評価することも十分考えられるであろう。そのような視点から本件の間接事実群を評価すれば、例えば、本件チョコレート缶を手に取ったことがある以上、普通の缶に比べて重いことに気付いたはずで

はないか(前記(1)③)とか、あるいは、中身が覚せい剤であることを知っていたからこそ、エックス線検査の結果が出る前に、税関職員に対し、チョコレート缶は他人から預かった物である旨の弁解を始めたのではないか(同(1)④イ)などといった評価が出てくることにもなる。ましてや、被告人は、報酬をもらって偽造旅券の密輸に手を染めたことを自認している人物である。同時に、別件覚せい剤輸入事件で公判中のK.Dの依頼で偽造旅券の密輸を実行したことを、最後まで隠そうとした人物でもある。このように間接事実相互の関連にも留意して事実群を見ていくと、すべての事実が積極方向の意味をもつように見え始め、ドミノ倒しのように被告人は「黒」という判断に至りがちである。

　他方、もう一方の極には、たしかに被告人の弁解内容にはいかがわしいところがあるが(偽造旅券の密輸などその最たるものである。)、さりとて完全に否定できるものだろうかという感覚が存在する。判文上明確ではないが、本件の被告人には、以前中古自動車販売業を営んでいたが(つまり正業に就いていたが)、経営が悪化し、お金に困って、偽造旅券の密輸を請け負うことになった経緯があったと記憶する。その密輸の際に、チョコレート缶の持ち込みを依頼され、結果的に覚せい剤輸入の片棒を担がされることになったというのが被告人の言い分であるが、このストーリーをどうみるか。一般市民の通常感覚に照らし、報酬目当てに犯罪行為(偽造旅券の密輸)に手を染めるというのは、理解の範疇内ではあるまい。しかし、商売がうまく行かず経済的に行き詰まることは、誰にでも起こり得る。そのような状況下で、法禁物であるとはいえ、直接他人の生命・身体・財産に加害するわけではない偽造旅券の運び屋を引き受けることは絶対にないと言い切れるであろうか。そして、その際、報酬目的で雇われた身である運び屋に対し、雇った側が土産と称して手荷物の運搬を委託し、運び屋も、かすかな違和感を覚えつつも、断り切れ

ずそれを受け入れるのはあり得ないことだろうか。

　念のため断っておくが、筆者がそうだと考えているわけではない。そう考えるのが事実認定のあり方として正しいと主張しているわけでもない。自分の生活感覚に照らし、上記のようなストーリーも捨て切れないと感じる事実認定者が、裁判員及び職業裁判官のいずれについても少なくとも1名おり、全体として合議体(裁判員6名、職業裁判官3名)の過半数の賛同を得ることに成功すれば、被告人は無罪を勝ち取ることができる[11]。被告人の弁解内容に照らし、それはあり得ないことだろうかと問うているのである。それに対する答えは、まさしく個人の生育環境や生活体験に左右されるところであろうが、町工場のトタン屋根が並ぶ都市圏の下町に生まれ育ち、親戚縁者の大半が零細の自営業者であった筆者の感覚からすると、被告人の弁解内容は、褒められたものではないが、自分の周辺では起こり得ないと断言できるほど極端な内容でもない。そのような感性をもった事実認定者が一定数揃うと、裁判というシステムの上で被告人は無罪となる。繰り返しになるが、本件では、そもそも被告人の弁解をどう受け取るかという場面において、裁判の結論が分岐したように思われてならないのである。

4. 最高裁の判断

　対照的な一審及び二審の判断・結論を前提に、最高裁判所は、どのような判断を下してこの事件に決着をつけたのであろうか。

(1)　被告人の弁解について

11　裁判員法67条1項。

最高裁は、間接事実の推認力の評価を云々する前に、「まず、被告人の弁解に関する原判断（※筆者注：二審〔東京高裁〕の判断のこと。以下同じ。）についてみる」[12]とする。これは、本件の証拠構造の特殊性、すなわち、外形的事実に争いはなく、情況証拠をどう評価するかに有罪・無罪の結論はかかっているが、その評価に際しては、検察官側のストーリーと被告人が弁解するところのストーリーを全面対置せざるを得ず、どちらのストーリーに軍配をあげるかによって、間接事実の評価がドミノ倒しのように片方の色に染まり、結論が定まる、そのような構造になっていることが影響しているものと思われる[13]。また、原判断につき、上告理由の有無を事後的に審査することを任務とする最高裁としては、二審判決が、まずもって被告人の弁解が信用できない旨を詳細に判示し、一審判決破棄の結論を導いていることに照らし、このような審査が正しかったかを、二審判決の構成に沿って検討せざるを得なかったという、事後審性に由来する制約もあったであろう。

　さて、最高裁の整理によると、原判決は、①本件チョコレート缶の所持に至る経緯について、被告人が供述を二転三転させていること、②被告人は、現行犯逮捕された際、偽造旅券について言及することなく、また動揺することもなく素直に逮捕に応じていること、③被告人は、覚せい剤の密輸に関与していないという弁解を裏付けるために、K.D に事情を聞いてほしい旨の申出をしてしかるべきであるのにそうした形跡がなく、かえって、K.D のことを隠し通そうとしたことなどを指摘して、被告人の弁解は信用し難いとしている。また、一審判決が指摘する疑問等

12　刑集 66 巻 4 号 491 頁。

13　もちろん、検察官に挙証責任があることは大前提である。よく言われるように、検察官側のストーリーが 51 対 49 で勝っているからといって、検察官の設定した審判対象（公訴事実）を認定することはできない。本文で述べたことは、あくまで生の心証形成過程を捉えた比喩的表現である。

の検討を行う中で、④被告人は、容易に粘着セロハンテープを剥がして開封し、内容物を確認できたにもかかわらず、内容物に不安を感じたというのに開封して内容物を調べていないのは不自然、不合理であるとして、缶の外見を確認しただけで不安が払拭された旨の被告人の弁解は信用することができないとも判示している[14]。

　まず、上記①の点について、最高裁は、被告人の供述は確かに二転三転しており、そのことは一般に供述の信用性を大きく減殺する事情であることを認める。しかし、被告人の最終的弁解は、K.Dから偽造旅券の運び屋となることを頼まれて、マレーシアに渡航し、そこでJなる人物から偽造旅券を受け取る際に、本件チョコレート缶を預かった。預かった偽造旅券はK.D経由でNに渡すものだと聞いていたというものであるところ、この弁解を排斥し得るか否かは、供述の変遷状況のほか、他の具体的な諸事情をも加味した上で、総合的に判定されるべきであるとして、供述が変遷しているというだけで直ちに排斥し得るものではない旨の判断を示した[15]。この判示は正論であるように思われる。公然と語るのがはばかれる内容を含む事実関係を人が語るとき、様々な配慮や心理状態から、結果的に事実を小出しにしたかのような歯切れの悪い供述になることは往々にしてあることだからである。このような供述の実態は、比較的分かり易い経験則にもとづくものといえ、裁判員を含む合議体の中で共有されたことであろう。もちろん、二審(東京高裁)の合議体がそのことを意識しなかったわけではないだろうが、いったん不自然だと思い込んでしまったら、すべてのベクトルが有罪方向に向いているように見え、反対可能性を過小評価してしまったのかもしれない。

　次に、②について、最高裁は、原判決が指摘する被告人の逮捕時の言

14　刑集66巻4号491-492頁。

15　刑集66巻4号492頁。

動等は、積極的に弁解せず、抵抗や驚きも示さなかったというものであるが、この言動は、被告人に違法薬物の認識がなかったとしても、必ずしも説明のつかない事実であるとはいえないと判示した[16]。全くそのとおりであり、人が想定外の局面に遭遇した場合の反応には大きな個人差がある。本件事例に即していえば、被告人がある場面で驚いた様子を見せなかったことを疑問視する前提には、当該状況下では人は通常驚くものであるとの価値判断が先行している。そのような主観性の強い価値判断を前提にすることは、裁判における事実認定にとって危険である。最高裁が、そのことを前提に淡々と判示したのは賢明な措置であったと思われる。

③について、最高裁は、K.Dのような人物から依頼されてマレーシアに渡航して結果的に覚せい剤を持ち込んだ本件の経過は、被告人が故意に覚せい剤の輸入に関わったと疑わせる事情であり、被告人がこのような事情を隠していたことをもって、有罪方向の一事情とみた原判断も、理解できないわけではないと一定の理解を示す。しかし、被告人は、K.Dが覚せい剤輸入事件で裁判中であることを知っていたのであるから、取調官に対しK.Dからの依頼であることを明らかにすることが自己の利益にならないと考えてもおかしくない状況にあり、被告人がK.Dからの依頼であることを積極的に明らかにしなかったことは、被告人に違法薬物の認識がなかったとしても、相応の説明ができる事実といえると判示した。併せて、最高裁は、被告人は、当時K.Dに騙されたとは思っておらず、以前から親しい付き合いのある同人の名前を出すと、同人が覚せい剤輸入事件で不利になると考えたなどと述べていることに言及し、被告人は、本件チョコレート缶についてはK.Dから運搬を依頼さ

16 刑集66巻4号492–493頁。

れたわけではなく、現地でJから受け取っただけであると供述していることなどを踏まえると、被告人のこの説明もK.Dからの依頼であることを積極的に述べなかったことの説明として、必ずしも不合理なものとはいい難いと付言している[17]。いずれも正論であり、特に付け加えることはないように思える。本件で問題になる間接事実(情況証拠)は、それ自体では強い推認力を備えておらず、有罪説からでも無罪説からでも一応の説明がつくものなのである。

　④について、原判決は、当初本件チョコレート缶に違法薬物が隠されているのではないかという不安を感じた被告人が、内容物を確認することもなく、外見から見て安心し、不安が払拭されたというのは不自然・不合理であると指摘しているところ、最高裁は、被告人は本件チョコレート缶を他人への土産として預かったもので、自由に開封できる立場ではなかったこと、また、被告人は、本件チョコレート缶を受領する際に、違法薬物が混入されているのではないかという一抹の不安を覚えたにすぎず、本件チョコレート缶は税関職員が見ても外見上異常がなかったことなどからすると、開封した形跡がなかったから不安が払拭されたとする点が、およそ不自然・不合理と断じることはできない旨判示した[18]。既に指摘したとおり、原判決の判示は、被告人の話が怪しいと思えばすべて怪しく見えてくるという類のものであり、これに対し、最高裁は、④の事実がそれ自体で強い推認力をもつ間接事実とはいえない旨を冷静に指摘したものということができるであろう。

　以上のとおりであり、最高裁によれば、「原判決は、被告人の弁解を排斥できないとした第1審判決について、被告人の弁解が信用できないと判示することによりその不合理性を明らかにしようとしたものとみら

17　刑集66巻4号493頁。
18　刑集66巻4号494頁。

れるが、その指摘する内容は、被告人の弁解を排斥するのに十分なものとはいい難い。被告人の上記弁解は、被告人が税関検査時に実際に偽造旅券を所持していたことや、その際、偽造旅券は隠そうとしたのに、覚せい剤の入った本件チョコレート缶の検査には直ちに応じているなどの客観的事実関係に一応沿うものであり、その旨を指摘して上記弁解は排斥できないとした第1審判決のような評価も可能である。[19]」。まさしくそのとおりであり、そうであるならば、挙証責任の原則に従い、訴訟は検察官の負けである。裁判員を含む一審の合議体及び最高裁は、公訴事実の存在を主張する訴追側に対し、被告人が弁解する内容は、およそ不自然・不合理なものではなく、単なる可能性のレベルにとどまるものでもなくて、客観的事実関係に照らし、一応の根拠を持つものであること、すなわち、合理的な疑いと呼べるレベルのものであることを、手堅く判示したものということができよう。

(2) 間接事実について

次に、最高裁は、検察官の主張する間接事実に関する原判断について検討する。[20] そこで取り上げられたのは、下記(A)～(E)の5つの事実である。

まず、(A)被告人が、チョコレートのトレーの下に覚せい剤を隠して発見できないように隠匿した本件チョコレート缶を手荷物として持ち込んだ事実について。

最高裁によれば、手荷物の持ち主は通常その中身を知っているはずであるから、上記のような持込みの態様は被告人の覚せい剤の認識を裏付けるものといい得る。しかし、本件チョコレート缶への覚せい剤の隠匿に被告人が関与したことを示す直接証拠はなく、被告人はチョコレート

---

19 刑集66巻4号494頁。
20 刑集66巻4号494–497頁。

缶を土産として預かったと弁解しているから、他の証拠関係のいかんによっては、この間接事実は、被告人に違法薬物の認識がなかったとしても説明できる事実といえる。したがって、その旨の第一審判決の判断に不合理な点があるとはいえない。要するに、この(A)事実は、被告人が自らの手で本件チョコレート缶に覚せい剤を隠匿した事実が立証できていれば、被告人の覚せい剤の認識を裏付けるものとして意味を持つが、本件ではそのような前提がない以上、二審判決のように、この事実に有意な積極方向(有罪)の推認力を認めるわけにはいかないというのである。落ち着いて論理的思考を巡らせば、誰でもそのとおりと頷けるところではないか。

次に、(B)被告人が、携帯品・別送品申告書に預り物はない旨申告したことや、本件チョコレート缶から発見された白色結晶について問われ、「薬かな、麻薬って粉だよね、何だろうね、見た目から覚せい剤じゃねえの。」と答えたことなど、税関検査における被告人の言動について。

最高裁によれば、一般に預り物があるのにその旨を申告しなかった事実は、預り物を隠したいという気持ちがあったことを推測させる事実といえるが、被告人は当時本件チョコレート缶だけではなく偽造旅券も預かっていたのであるから、この申告状況は偽造旅券を隠すためのものとも考えられる。また、白色結晶が発見された段階で、その白色結晶が覚せい剤であることを認めるかのような言動をすることは、被告人に覚せい剤の認識があったことを示す方向の事情といい得るものではあるが、被告人はその直前に検査の過程で覚せい剤の写真を見せられていたことも踏まえると、この言動は被告人に覚せい剤の認識がなかったとしても説明できる事実といえる。ここもそのとおりだと思う。原判決が問題にした上記各間接事実は、一般論としては積極方向の推認力をもつ事実であろうが、本件における具体的状況に照らすと、必ずしもそうとは言い

切れない性質のものに思える。

　(C)覚せい剤輸入事件で裁判中の K.D から被告人の口座に振り込まれた資金が、被告人のマレーシアへの渡航費用に使われている事実について。

　最高裁は、高額の報酬を約束され、経費も負担してもらって、海外から荷物を日本に運搬することを依頼されたという事実は、違法な物の運搬であることを前提に依頼が行われたことを推認させる方向の事実といえ、その依頼が覚せい剤輸入事件で裁判中の者からの依頼である場合には、覚せい剤に関係する依頼であることを推認させる方向の事情であるともいえるとして、(C)事実の推認力に一定の理解を示す。しかしながら、本件においては、被告人は、依頼されたのは偽造旅券の密輸であって覚せい剤の密輸ではないと弁解し、実際に偽造旅券が発見されるなど弁解に一定の裏付けもあるから、(C)事実は偽造被告人の弁解とも両立し得る事実である。したがって、その推認力を過大に評価することはできない。

　なお、検察官は、一審及び二審において、被告人は、検挙された際に、自分が企図していたのは偽造旅券の密輸であって、缶の中身は知らなかったという弁解をするために偽造旅券を所持していた旨主張していた。すなわち、覚せい剤の密輸であることを糊塗するダミーとして、わざわざ偽造旅券を所持していたというのである。たしかに、そのような可能性は排除されないが、本件の被告人は、発覚直後の段階では偽造旅券の運び屋であったなどという弁解をしていない。だとすれば、検察官が主張するように、覚せい剤が発見された際弁解するために偽造旅券を所持していたものとも断じ難い。最高裁は以上のように判断し、(C)事実の推認力に関する原判決の評価は誤りである旨の判示をした。

　ここは、最高裁判決中の白眉というべき部分である。前段は、被告人が主張する偽造旅券密輸説というべき無罪主張は、被告人が K.D から

振込送金を受けている事実とも両立し得る(偽造旅券密輸の対価とみることもできる。)旨を指摘したものであり、特に目新しくはないが、「なお」書以下の後段は、事実認定者の感覚や経験知を考えるうえで興味深い。訴追側(警察官や検察官)は、日常的に犯罪捜査に従事しており、犯罪という逸脱現象についての知識を豊富に有している。組織力を用い、発覚を免れるための工夫を凝らし、万が一発覚した場合も関係者や上位者に追及が及ばぬ手立てを講じた上で違法薬物の密輸入を計画し、実行する職業的な犯罪者が、訴追機関のターゲットである。そこでは綺麗ごとではないやり取りや知恵比べが展開されるのであって、そこで培った経験知や高度な職業専門性をもつ訴追側の目から見れば、被告人のような胡散臭い人物は、計画的な覚せい剤密輸入の運び屋以外の何者でもない。万が一発覚した時のダミーとして、偽造旅券密輸の外観を装う知恵を授けられた狡猾な犯罪者だということになろう。それ自体は一理ある物の見方であり、そのような専門知をもつ捜査官でなければ、覚せい剤密輸入事件の検挙・処罰など難しいであろうことは素人なりに想像できる。しかし、問題は、裁判上そのことが具体的に主張・立証され、事実認定者の説得に成功するか否かである。本件では、偽造旅券ダミー説という仮説では説明しがたい、被告人が覚せい剤の発見直後から被告人が偽造旅券密輸の弁解を始めてはいないという具体的な事実が存在する。この事実にかんがみると、上記ダミー説にもとづき有罪で押し切るのは無理であるとの判断が下された。少なくとも、裁判員を含む一審の合議体と当時の最高裁第一小法廷は、そう考えたからこそ無罪の結論に至ったのである。その判断は妥当なものと信じるが、仮に上記の事実が存在しないとしたら、どのような判断が下されたであろうか。検察官のダミー説が力をもって、なるほど被告人は覚せい剤の運び屋に相違ないとの心証にたどりついたのであろうか。それとも、裏付けとなる証拠がない領域

では、事実は存在しないものと扱わざるを得ず、その結果、ダミー説は単なる仮説の域を出ないものとして扱われ、排斥されたのであろうか。興味の尽きないところである。

　なお、原判決は、(D)逮捕後に K.D から依頼されていたことを隠そうとして弁解を変遷させた事実や、(E)違法薬物が隠されているかもしれないと思ったのに本件チョコレート缶を開封しなかった事実なども、被告人の覚せい剤の認識を裏付ける方向の事実として取り上げている。しかし、既に述べたところから分かるとおり、これらの事実は、被告人に違法薬物の認識がなかったとしても説明可能な事実であって、それ自体が積極的な意義をもつ事実ではない。最高裁が簡潔に指摘するとおりであり、特に付け加えることはない。

(3)　結論

　以上のとおり、被告人の弁解及び間接事実の評価について、最高裁の具体的な判示を分析してきた。改めて、判決の核心部分(法的なスキーム)と結論を確認しておこう。

　「刑訴法は控訴審の性格を原則として事後審としており、控訴審は、第一審と同じ立場で事件そのものを審理するのではなく、当事者の訴訟活動を基礎として形成された第1審判決を対象とし、これに事後的な審査を加えるべきものである」。このような観点からすると、控訴審が取り上げるべき「刑訴法 382 条の事実誤認とは、第1審判決の事実認定が論理則、経験則等に照らして不合理であることをいうものと解するのが相当である。したがって、控訴審が第1審判決に事実誤認があるというためには、第1審判決の事実認定が論理則、経験則等に照らして不合理であることを具体的に示すことが必要であるというべきである」。このことは、裁判員制度の導入を契機として、第1審において直接主義・口

頭主義が徹底された状況においては、より強く妥当する。[21]」。

　しかるに、被告人の弁解及び間接事実の評価について説示してきたところによれば、「原判決は、間接事実が被告人の違法薬物の認識を推認するに足りず、被告人の弁解が排斥できないとして被告人を無罪とした第1審判決について、論理則、経験則等に照らして不合理な点があることを十分に示したものとは評価することができない。そうすると、第1審判決に事実誤認があるとした原判断には刑訴法382条の解釈適用を誤った違法があり、この違法が判決に影響を及ぼすことは明らかであって、原判決を破棄しなければ著しく正義に反するものと認められる。」。「よって、……原判決を破棄し、……検察官の控訴を棄却することとし、裁判官全員一致の意見で、主文のとおり判決する。[22]」。

5. 終わりに

　「裁判員裁判における事実認定」をテーマとする本稿にとって、本判決の最大の意義は、「合理的な疑い(reasonable doubt)」の具体的中身が事例を通じ明らかにされたことである。これまで見てきたように、一審及び最高裁は、一見して有罪方向の推認を働かせるかのように見える事実も、被告人の弁解を含む本件の具体的状況下においては、それほど強い推認力を認めるわけにはいかないことを明らかにした。基本に忠実な無罪判決であり、安定感がある。

　米国の陪審制についてよく言われることであるが、有罪を認定し被告人に刑罰を課するのは心理的ハードルの高い作業である。したがって、一般市民である陪審員は、証拠上一点の曇りもない100％の有罪を

21　刑集66巻4号490–491頁。

22　刑集66巻4号497頁。

好む傾向がある。その反射的効果として、いまだ抽象的なレベルにとどまる犯罪事実（訴因）不存在の可能性（possible doubtあるいはmere doubtと呼ばれる。）を、証拠上一応の根拠のある合理的な可能性（reasonable doubt）と見誤りやすい。犯罪事実不存在の方向の証拠の推認力を時として過大評価しがちなのである。したがって、職業裁判官が事実認定者である場合に比して無罪が多くなる[23]。同じような傾向が裁判員と職業裁判官の混成チームにも見られるのかが、制度創設時、ひとつの関心事項となり、有罪認定に慎重な裁判員の存在により、刑事裁判における事実認定が「疑わしきは被告人の利益に」の原則に忠実なものに是正されるのではないかと期待する向きもあった。本件の事実認定は、上記の問題にひとつの検討材料を提供するものである。

　なお、本稿では、合理的な疑いが存在すると判断された一事例という観点から、チョコレート缶事件判決を取り上げたが、事実認定の各論部分に入ると、まだまだ興味の尽きない問題が伏在している。例えば、被告人が本件発覚当時、偽造旅券を所持していた事実に関して、犯罪捜査のプロである検察官が、偽造旅券の所持は覚せい剤の密輸が発覚した場合に備えたカムフラージュである旨の主張をしたことを取り上げた。最高裁判決は、その主張を採用しなかったが、このように同じ事実を見ていても、立場や生活体験の違いによって評価が分かれる場合がある。事実認定の奥深いところである。

　ここで想起されるのが、最判平成23・7・25日集刑304号139頁である。この事件では、被害女性が被告人から性的被害を受けた事実の有無が問題となり、最高裁は、有罪認定した一審及び二審をいずれも破棄し、無罪の自判をしたが、その決め手となったのが、被害女性の供述

23　拙著『刑事司法改革と裁判員制度』（日本評論社、2013年）552-554頁。

内容に不自然さが残ることであった。被害女性は、JR千葉駅付近の路上で偶然出会った被告人に「殺すぞ」などと脅迫され、徒歩で被告人の後をついていき、付近のビルの非常階段踊り場で性的被害を受けたと供述しているのだが、それほど遅い時間帯でもなく、人通りのない現場状況でもないのに、むざむざ被告人についていくようなことがあるのかという疑問が呈され、多数意見はこの点を無視しえないとして、上記供述の信用性を否定し無罪の自判をした。しかし、この判決には、検察官出身の古田佑紀裁判官の反対意見がついており、同裁判官は、次のように述べている。長くなるが引用する。

　多数意見は、……被害女性の「供述が状況等から見て不自然であるとする。しかしながら、通行人が相当数ある路上で脅迫行為、時には暴行も行われることはまれではない。また、性犯罪においては、被害者(多くの場合女性)が、威圧的な言動により萎縮して抵抗できなくなる場合が少なくないのが実態であって、警戒していない相手が、態度を豹変させて、粗暴な威圧的言動を示すと、恐怖を感じ、パニックに陥るのはよくあることである。女性を萎縮させ、心理的に抵抗ができない状態に追い込むには、多くの場合、粗暴な威圧的態度を示すのみで十分であることは、つとに指摘されているところである。『殺すぞ』という明白な危害の告知を受けた場合に抵抗できない状態になることに何の不自然もない。客観的、事後的には、助けを求め、あるいは逃げることが容易であると認められる状況や機会がありながら、積極的にそのような行動に出ることができず、抵抗しないまま犯人の意のままになっていることもしばしば見られる。警察官がすぐ近くにいても助けを求めることができないことも珍しくないのであって、交番が近くにあるということにさして意味はない。被害者としては、周囲の者が怪しんで声を掛けるなどしてくれ、犯人が断念することを願うにとどまることも多い。通行人がいる

路上であるから脅迫行為が行われることは通常考えられないとか、容易に逃げたり助けを求めることができる状況があるのに被害者がこれらの行動に出ないのは不自然である、あるいは抵抗を試みていないのは不自然であるというような考えは、一見常識的には見えるものの、この種犯罪の実態から乖離したものであって、現実の犯罪からはそのような経験則や原則が導かれるものではない。このようなことは、性犯罪に関する研究等においてもしばしば指摘されているところであり、多くの性犯罪を取り扱う職務に従事する者の共通の認識となっているといえる。」。

　いかがであろうか。最後の「多くの性犯罪を取り扱う職務に従事する者の共通の認識となっている」とのフレーズに注目されたい。古田裁判官は、事実認定で問題となる論理法則、経験則とは、少なくとも性的被害を受けた女性の供述の信用性評価に関する限り、この種犯罪を取り扱うプロフェッショナルな捜査官の目線で判断すべきだという前提に立っているのである。チョコレート缶事件における検察官の偽造旅券ダミー説に通じるものが感じ取れよう。論ずべきは、論理法則、経験則とは誰の目線からのものかということになろうが、既に許された紙数を大幅に超えている。この点の議論は別機会に譲らざるを得ない。問題点の指摘だけにとどめて本稿を閉じることにする。

（あおき・たかゆき）

第4章

裁判員裁判と量刑、そして死刑

本庄 武

1. 裁判員はなぜ量刑判断を行うのか

　裁判員は有罪か無罪かの事実認定だけでなく、量刑判断も行うことになっている。こうした市民参加のあり方はアメリカの陪審制度とは非常に対照的である。

　アメリカの陪審制度は、元々、権力への不信感を前提として成立している。陪審の市民的判断に対して国家権力が介入することへの警戒感から、評議に裁判官は加わらない。陪審員のみで評議を行い結論を出すことになっている。一般市民のみで評議を行う関係上、なぜその判断に至っ

たのかについて判決理由が説明されることはない。そして陪審の判断事項は二者択一で答えの出せる事実認定と、死刑を科すか否かの判断に限られるのが一般的である。死刑選択以外の量刑判断については、選択肢が無数に存在するうえに、改善更生の見込みが高い場合には刑事施設に収容することなく、社会内処遇を選択するなどの政策的な判断も求められること、市民感覚を活かすだけでは必ずしも結論に至らないことから、陪審の判断事項とはされていないのが通常である。陪審が有罪の評決を行えば、裁判官が別途量刑判断を行うという役割分担がなされている。

　それに対して、裁判員制度は、制度設計の過程で、従来の裁判官裁判への不信感は必ずしも前提となっていなかった。これまでの裁判は決して悪いものではなかったが、より良いものとするために裁判員制度を導入することとされたのである。そのために、裁判員は裁判官とともに評議を行い、法律専門家で培ってきた専門知識と一般市民が日常生活で培ってきた経験的知識や市民感覚を結集して、より良い裁判を行うことが目指されている。判決には従来通り、評議の内容を踏まえて裁判官が理由を付すことになっている。また、二者択一ではなく多くの選択肢の中から最終的に宣告する刑を決めなければならない量刑判断についても、裁判官が評議の場におり、適切な判断の道筋を提示することが可能になるため、裁判員に関与してもらうことが可能な構造となっている。

2. 裁判員が量刑判断に関わることになった経緯

　そのうえで量刑判断にまで裁判員が関与することになったのは、制度の導入が議論されていた 2000 年前後の時点で、裁判官の量刑が軽すぎるのではないかとの批判が高まっていたことと関係している。

　当時は、犯罪認知件数が急激に増加する一方で、検挙率が4割を切

図1　刑法犯の認知件数・検挙率の推移

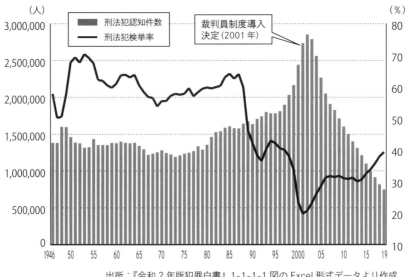

出所：『令和2年版犯罪白書』1-1-1-1図の Excel 形式データより作成

る水準にまで大幅に低下しており（**図1**）、治安が悪化したとの認識が普
及していた。治安が悪化したと感じられると、刑を厳罰化することで、
犯罪に対し毅然とした対応を示し、犯罪を犯させないようにしなければ
ならないという要請が働く。裁判官の量刑もそうした世論の動向を受け
て、当時重くなっていたが、それでもなお市民感覚との間には乖離があ
り、裁判員の市民感覚を判決に反映させることを通じて、より一層の厳
罰化を達成することが、治安対策として必要であると考えられた可能性
がある。

　また、当時は刑事司法の中で長い間等閑視されていた犯罪被害者やそ
の遺族が積極的に声を上げ、そのことが大きく報道された結果、世論の
共感を集めるようになり、被疑者保護の要請が強まった時期でもあった。

1　警察が認知した被疑事件のうち、被疑者が特定されるなど捜査が終結し、一応事件が
　解決したといえる状態に至った事件の割合。

その一環として、1999年には、それまで証人として聞かれたことに答えることしかできなかった犯罪被害者やその遺族が、法廷で主体的に自らの心情について意見を陳述できる制度が導入されている。重大事件の被害者のその遺族は、当然のことながら、犯人に対して厳しい処罰感情を抱くことが多い。それにより、より一層の厳罰化を実現して犯罪被害者の思いに応えなければならず、被害者のことをより身近に感じる存在である裁判員が量刑判断に参加することが求められた可能性がある。

　こうした2つの動きが裁判員の判断事項に量刑を加えることを後押しした。裁判員制度の導入を決めた司法制度改革審議会の議事録をみると、裁判員が量刑判断に関与することについての異論はほとんどなかったことが分かる。[2]

　事実認定に関しては、従来の裁判官裁判の判断には問題がなかったと思われており、また有罪にしろ無罪にしろあるべき結論は1つであると考えられる。それに対し、量刑判断は、裁判官の判断に批判が生じており、また絶対的な正解が存在していないため、裁判官による量刑とは異なる結論が出ても受け入れられやすい。

　裁判員裁判では、陪審制とは異なり、むしろ量刑判断こそが、市民の健全な市民感覚が反映できる主たる領域であると考えられていたということができる。その意味では、裁判員の量刑判断への関与は必然であるともいえる状況であった。

3. 裁判官による量刑

　それでは裁判員制度導入以前に裁判官はどのように量刑判断を行って

2　本庄武「裁判員の量刑参加」一橋論叢129巻1号（2003年）22頁参照。

きていたのだろうか。

　日本の裁判制度の大きな特色として、判断主体である裁判官に民主的正統性が存在していないという点がある。裁判員制度導入以前は、裁判に市民が参加する制度は存在しておらず、裁判を担うのは、専ら職業裁判官であった。しかもアメリカのように裁判官を公選により選出する制度も存在していない。裁判官は、任命制である。最高裁判所の長官は内閣の指名に基づいて天皇が任命し（憲法6条2項）、長官以外の最高裁判所裁判官は内閣が任命する（同79条1項）。裁判官の大部分を占める下級裁判所の裁判官は、最高裁判所が指名した名簿により内閣が任命する（同80条1項）。最高裁判所裁判官には国民審査制度があるものの、下級裁判所裁判官が国民に審査される制度は存在していない。日本の裁判官は、政治家のように国民の負託を受けてはいないといえる。そのため、裁判官は、自らの判断が国民世論から大きく乖離することを嫌う傾向にある。もちろん、理論上法のあるべき適用であると考えられる場合については、世論に反する判決が下されることもある。しかし、量刑判断のように理論上、こうあるべき判断であるということが一義的に決まらないような領域では、自らの価値判断を前面に押し出して判断を行うことは躊躇されてしまう構造にあるのである。

　しかも、裁判官が弁護士職務経験者から選ばれるアメリカのシステムとは異なり、日本の裁判官の大部分は、司法修習を修了し法曹資格を得た者の中から直接任命される。裁判官の任期は10年であるが、特別な事情がない限り任期は更新され、辞職するのでなければ定年まで勤めあげる場合がほとんどである。司法制度改革の結果、裁判官が短期間弁護士職務を経験するという制度も導入されたが、法曹としての人生の大部分を裁判官として過ごすことには変わりがない。アメリカの制度は法曹一元と呼ばれ、弁護士職務経験という共通の基盤を有する者が裁判官や

検察官になっていくのであるが、対照的に日本ではキャリアシステムといって、弁護士と裁判官・検察官の間の交流がほとんど存在していない制度となっている。弁護士は地元に密着し、日常的に依頼人と直接接する。そのため、地域で今何が問題になっているかを肌感覚で理解し、ニーズに応えられるようになっていくであろう。裁判官は、そうした経験を経ていない。しかも、数年単位で全国規模で転勤を繰り返しているため、地域に根付くことがない。地域社会との距離の遠さも、裁判官が自らの価値判断を前面に押し出した判断をすることを躊躇させる原因となる。

　そして日本の裁判官は、裁判官としての相応しい言動を強く求められ、自らの思想信条を積極的に世の中に訴える市民的自由を、一般市民と同様の水準では有していない現状にある[3]。こうして日本の裁判官制度には、自らの価値判断を前面に押し出した量刑判断を行うことを躊躇させる要因が存在していた。

　このような制度的環境のもとで、日本の刑事裁判における量刑は、伝統的に量刑相場に従って行われてきた。量刑相場は、同種・同性質・同程度の行為を内容とする事件に対しては、同刑量の刑罰を適用するのが妥当であるという考え方に根拠を有する、とされる[4]。先例の積み重ねにより自然発生的に形成されてきたものであり、裁判官は多くの事件を経験することにより、相場感を自然と体得できるようになる、とされていた。

　裁判官が量刑を行うに当たり、過去の類似事件でどのような量刑がさ

3　近時、最高裁は、裁判官が、インターネット上の短文投稿サイト「ツイッター」上で、公園に置き去りにされた犬を保護して育てていた者に対してその飼い主が返還等を求める訴訟を提起したことについて、飼い主が犬を捨てたと指摘しつつ、訴訟を提起したことに疑問を示す投稿を行った事件について、最高裁は、「品位を辱める行状」に該当するとして、戒告処分とした（最大決 2018〔平 30〕・10・17 民集 72 巻 5 号 890 頁）。

4　原田國男「量刑基準と量刑事情」同『量刑判断の実際（第 3 版）』（立花書房、2008 年）3 頁。

れてきたのかを参考にすることは、諸外国においても普遍的にみられる現象だと思われる。しかし、日本法の特色として、上訴審で許容される量刑の幅が狭く、先例との類似性は高ければ高い方がよいと考えられる傾向があった。

こうした量刑判断は、刑事訴訟法において、量刑不当が控訴理由となっている(刑訴法381条)ことにも関係していた。控訴審は、第1審の量刑判断に法令違反を見出すことができなくても、量刑が不当だと思えば破棄することが可能である。控訴理由が法令違反に限定されていれば、第1審の量刑判断が何らかの意味で量刑原則に違反した、すなわち違法であるといえなければ、控訴審は第1審の量刑判断に介入できないが、日本法においては、控訴審は、第1審の純粋な裁量判断にも介入することが可能であり、量刑判断の広範な統制が可能な法制度となっていた。

また日本では、判決前調査制度が存在していないという事情も大きい。アメリカなどの国では、被告人が抱える問題性や環境的要因について判決前に調査を行い、改善更生の見込みを判断し、それを裁判官の量刑判断の資料として活用するという制度があるが、日本ではそうした専門的な知見に基づく量刑資料は、個別に鑑定が実施されたり、弁護人が資料を提出したりすることがなければ、法廷に提出されることはない。裁判官は、被告人がどのような犯罪を犯したのかについては判断可能であるが、被告人がどういう人なのか、なぜ犯罪に至ったのか、再び罪を犯さないようにするためにどうすればよいのか、といった事柄については、ほとんど手掛かりがない状態で量刑判断をしなければならない状態にある。

このような刑事裁判制度にあって、裁判官としては、量刑判断の正当性を類似の先例との公平性という価値に求めるしかなかったのではない

かと推測される。そこで、相場に従った量刑という実務が成立することになる。もちろん、量刑相場はあくまでも相場に過ぎず、不動のものではあり得ない。世論の動向や犯罪情勢などの外的要因の変化からうかがえる国民の正義感覚の変化に応じて、緩やかに変化していくことが予定されていた。しかし、日本では犯罪現象が落ち着いていたこともあり、基本的には量刑相場の変動は緩やかであり、安定的な量刑が行われていた。他方で、前述のように、民主的正統性に乏しく、国民感覚から離れたところにいる裁判官としては、司法への信頼を損なわないようにするために国民世論に敏感でなければならない。そのため、量刑相場は国民の正義感覚を反映したものであると説明されてきた。実際に、犯罪認知件数が急増し、国民の中で厳罰要求が高まった 1990 年代後半から 2000 年代前半にかけては、死刑・無期刑・10 年以上の長期自由刑の言渡し件数が激増した。

　以上のような伝統的な量刑のあり方については、いくら世論の動向に敏感になったとしても、量刑相場が国民の正義感覚と一致している保証はない、という限界があった。国民の正義感覚に従った量刑があるべき量刑であるという建前を採っている以上、裁判員制度ができるとなれば、裁判員に量刑判断を担当させ、国民の正義感覚をじかに量刑に反映できることが望ましいと考えられることは、やはり必然であったともいえそうである。

5　遠藤邦彦「裁判員裁判における事実審理及び量刑評議の在り方」刑法雑誌 57 巻 3 号（2018 年）360 頁は、日本の法文化の根底に刑罰の公平を強く求める思想がある、とする。

6　松本時夫「量刑の相場について」法の支配 126 号（2002 年）33 頁。

7　その後、2000 年代中盤から現在に至るまで、犯罪認知件数は一貫して減少し（**図 1** 参照）、死刑・無期刑・10 年以上の長期自由刑の言渡し数も、厳罰化が始まる以前である 1990 年代前半の水準に戻っている。

4. 量刑の基本的考え方

　量刑相場に従って量刑を行おうとする場合、目の前の事案と先例との類似性を判断する必要があるが、そのためには、必然的に、犯罪の動機、態様、被害の程度などの客観的評価に馴染む事情、いわゆる犯情に着目する必要がある。こうした犯罪事実自体を構成する事情は、事件ごとの比較が容易であるからである。犯情要素をひとつひとつの評価を積み上げていくことにより、その犯罪がどれくらい重い犯罪であるかを評価することができる。犯情は、犯罪の重大性の評価を直接基礎づける要素である。

　量刑に当たっては、犯情に加えて、被告人の年齢や境遇、行為後の反省の程度などいわゆる一般情状も考慮される。それを通じて、被告人の再犯可能性等が判断される。しかし、再犯可能性を評価するうえで、例えば被告人が何歳であったかということは直接意味を持たない。若年であれば、性格もなお固まっておらず、問題性を解消しやすいとか親をはじめとする他者からの手助けを得られやすいとかにより、再犯せずに済むことが多いとはいえる。しかしそれはあくまでも一般論であり、量刑においては、あくまでも個別の被告人が改善更生できる程度が問題であるから、年齢だけでなく、育った環境、現在の環境、反省の程度などの関連する諸事情を総合的に評価しなければ、改善更生の程度について判断することができない。ところが、日本では、判決前調査のように更生可能性の程度を専門的に判断する制度が存在していない。そうなると、当然ながら、事件間で比較を行うことが難しくなる。

　量刑相場に従って量刑を行うということは、犯罪の重大性に対応した量刑を行うことを重視することに他ならない。そして犯罪の重大性に対応した刑は、〇年から〇年の間といったおおよその幅で認識されるた

め、その範囲内で一般情状を踏まえて言い渡す刑を決めると考えられてきた。

5. 裁判官のスタンス

　裁判員は20歳以上の選挙権者から無作為抽出により選定されるため、民主的正統性を有する裁判の担い手ということになる。しかも、裁判員は健全な市民感覚を自然に身に着けている存在であると期待される。そのため、裁判員が主体的に判断を行えば、従来の量刑の傾向から外れた判断が行われても、それはむしろ、これまで裁判官が想定していた国民の正義感覚と、実際の正義感覚がずれていたことを意味するに過ぎず、より望ましい量刑判断が実現したと評価されることになる。もちろん裁判員に期待されている市民感覚はあくまでも「健全な」感覚であるから、文字通りの感覚的な判断を行えばよいということにはならず、冷静で理性的な判断が求められている。その意味で、裁判員の判断であるからといって無批判に受け入れられるわけではない。しかし、ひとつひとつの裁判員裁判において、丁寧な審理と評議を積み重ねた結果なのであれば、たとえ結論が裁判官時代の同種事件における量刑判断の傾向から大きく外れていても、是認されるはずである。これが第1の方向性である。

　他方で裁判員制度では、陪審制度とは異なり、裁判官と裁判員がともに評議に臨む。実際に裁判官は、裁判の知識と経験においては裁判員を圧倒している。裁判官が巧みに誘導すれば、従来の裁判とさほど変わりない結論を導き出すことも不可能ではない制度となっている。そして裁判員制度の前提は、従来の刑事裁判に問題があったので新しい制度を導入するというものではなく、従来の刑事裁判は悪くないものであったがよりよいものへと変えていくために制度を改革する、というものであっ

た。その証拠に、裁判員法1条は、裁判員制度は「国民の理解の増進とその信頼の向上に資する」と謳っている。この文言は、従来の制度の良さが国民に十分に伝わっていないため、裁判員に裁判の良さを実感してもらうことを通じて、国民に理解を深めていってもらうというニュアンスを感じさせる。そうだとすると、量刑に関しても、従来の裁判官による量刑判断を基本的には尊重したうえで、それに必要な修正を加えていくというスタンスになる。これが第2の方向性である。

　以上に示した2つの方向性のうち、どちらの方向に向かうかは裁判官が量刑に臨む姿勢次第となる。裁判官も1人の市民としての立場で、先例にとらわれることなく、量刑判断に臨むのであれば、裁判員裁判の量刑判断は裁判官裁判時代から大きく変わることになるだろう。それに対して、裁判官が従来通り先例を重視する姿勢で量刑に臨めば、裁判官裁判時代とあまり変わらない量刑判断になることになる。量刑判断の実際がどうなるかは、裁判官に姿勢に委ねられた。

6. 裁判員制度開始前の議論

　2004年に裁判員法が制定されたのち、2009年に制度が開始されるまでの準備の過程で多くの模擬裁判が実施された。その中で、同じ事件記録を用いて全国各地で模擬裁判が実施されたが、その際に量刑結果に予想外のばらつきが生じたことが問題になった。すなわち、強盗殺人に問われた被告人について、懲役10年から無期懲役まで判断がばらついたのである。もちろん同じ事件記録を用いても、裁判のシナリオが予め決まっているわけではなく、その記録からどのような主張を組み立てるかは検察官役、弁護人役が決定するため、裁判内容が同じであったわけではない。しかしそれにしても、基本的な事件内容が同じであるにして

は、量刑判断のばらつきは大きかったと受け止められた。

　そのため裁判所は、裁判員裁判のための量刑検索システムというものを導入することを決定した。裁判員裁判開始前の 2008 年 4 月から運用を開始したシステムであり、罪名ごとに、犯罪の社会的類型を踏まえて、動機、凶器の種類、被害の程度などの項目が設定されているものである。例えば、被害者 1 名、動機は怨恨、刃物使用、突発的、被害者に落ち度なし、単独犯である殺人既遂事件というように、各項目ごとに条件を設定していくと、その条件を満たす先例においてどのような量刑判断が行われたのかを出力することができる。検察結果は、例えば、懲役 5 年以下 5 件、7 年以下 9 件、10 年以下 20 件、12 年以下 15 件、15 年以下 9 件などのようにグラフの形で示され、それぞれの事件についてのごく簡単な概要も知ることができる。データは、判決が下されるごとに裁判官が量刑の結果を入力する形により蓄積されていく。この量刑データは、従来裁判官の暗黙知であった、犯情に対応する刑の幅をデータにより可視化するものであった。

　量刑データは大まかな量刑の傾向を把握するためのものであり、またあくまでも参考資料であって、このデータに拘束されることはないと強調されている。そのために、判決文自体とのリンクは意図的に切断されている。判決文自体を見ることができてしまうと、裁判員が事案の詳細に目を奪われて、目の前の事件と似ている事件を探すような使い方をしてしまうと、事件の本質から目を奪われてしまうことになりかねないため、それを防止することが重要だとされている。

　量刑検索システムが導入されたのは、裁判員裁判において先例を参照せずに、かつ裁判官も 1 人の市民として量刑評議に臨むと、裁判体の個性が量刑判断に影響する度合いが強くなりすぎることへの懸念があったためであった。そこで裁判所としては、類似の先例における量刑傾向を

踏まえることにより、そこから大きく外れる量刑判断がなされないことを意図したといえる。他方で、裁判所としては従来と同様の相場に従った量刑判断になってしまうと、裁判員に量刑判断を担当させる意義が失われるという懸念もあったものと思われる。そのため、量刑検索システムの利用は裁判員が主体的に量刑判断を行うことを阻むものではなく、あくまでも健全な市民感覚の反映と類似事件との公平性の確保を調和させようとした、ということができる。前述した2つの方向性のうち、第2の方向性が選択されたことになる。

7. 裁判員裁判での量刑傾向

　実際の裁判員裁判での量刑傾向を知るためには、裁判官裁判の量刑傾向と比較することが便利である。裁判員裁判の対象事件であるかは、2009年5月の制度施行後に起訴されたかどうかにより区別される。そのために、制度開始からしばらくは、制度施行前に起訴された関係で裁判官裁判により量刑が行われた事件もそれなりに存在していた。

　そのデータを比較した資料を見ると、罪名ごとに傾向が分かれていることが分かる。殺人既遂罪(**図2**)においては、裁判官裁判(2009年6月から2012年5月。以下同)の場合、懲役9年を超えて11年以下、11年を超えて13年以下という宣告刑が多かったのに対し、裁判員裁判前期(2009年6月から2012年5月。以下同)では懲役11年を超えて13年以下、裁判員裁判後期(2012年6月から2018年10月)では懲役13年を超えて15年以下が量刑のピークを形成しており、量刑が重い方向にシフトしたことが分かる。他方で、殺人既遂にもかかわらず執行猶予が付される場合は裁判官裁判では5％程度であったものが、裁判員裁判では8％を超える水準にまで上昇している。殺人既遂事件では、重罰化と寛刑化が同時

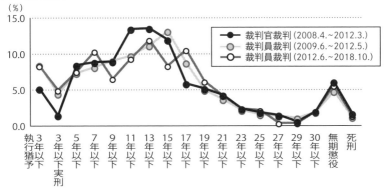

図2　殺人既遂

出所：最高裁判所事務総局『裁判員制度10年の総括報告書』49頁のデータより作成

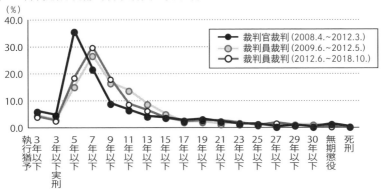

図3　(準)強姦致死傷・(準)強制性交等致死傷

出所：最高裁判所事務総局『裁判員制度10年の総括報告書』52頁のデータより作成

に進行したといえる。

　次に、性犯罪(**図3**)については、量刑ピークが裁判官裁判での懲役3年を超えて5年以下から、裁判員裁判では5年を超えて7年以下に移行しており、明らかに重罰化が進行している。他方で放火罪(**図4**)については、執行猶予の比率が増加しており、明らかに寛刑化が進行している。そして覚せい剤取締法違反(**図5**)では、裁判官裁判と裁判員裁判で傾向に変化が見られない。

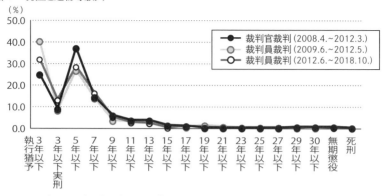

図4　現住建造物等放火

出所：最高裁判所事務総局『裁判員制度 10 年の総括報告書』55 頁のデータより作成

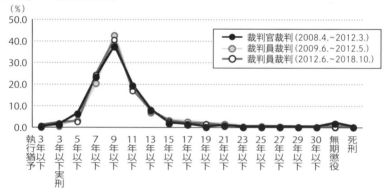

図5　覚せい剤取締法違反

出所：最高裁判所事務総局『裁判員制度 10 年の総括報告書』56 頁のデータより作成

　このように、裁判員裁判では生命が侵害される事件や性犯罪では重罰化の傾向、ぼやで終わった放火など被害が軽微な場合は寛刑化の傾向、覚せい剤を営利目的で輸入したような、犯罪の結果が目に見えない場合には現状維持の傾向にあると認められる。そして、殺人事件のように結果が重い場合であっても、被告人が同情に値するような場合については執行猶予という思い切った寛刑化傾向が認められる。しかも、執行猶予の保護観察が付される割合が裁判官裁判では 35％であるのに対し、裁

判員裁判では56％と大きく増加しており、被告人の更生が重視されているともいえる。

こうした現状について、最高裁判所は、「国民の多様な視点・感覚が反映した」と肯定的に評価している[8]。

しかし、注意しなければならないのは、いずれにしても先例を考慮しなかった場合に予想されたような、極端な量刑傾向の変動はなかったということである。これは先例の量刑傾向を踏まえた判断を行ったためだと推測される。また国民の多様な視点・感覚が反映する主たる領域は犯情評価であり、更生可能性が重視されるのは、あくまでも犯情評価において軽い刑が相当だと判断された場合に限られている。

8. 量刑の公平性を重視した最高裁判決

裁判員裁判における量刑のあり方を考える上では、2014年に出された最高裁判所の判例（最判平26・7・24刑集68巻6号925頁）も見逃せない。

事件は、両親が1歳の幼女を虐待し死亡させた傷害致死事件である。第1審の裁判員裁判において、検察官が懲役10年を求刑したところ、児童虐待に対して厳しい罰を科すことが社会情勢に適合する、過去の量刑傾向は登録数が少なく妥当性も検証できないなどとして、それぞれに対し懲役15年の刑を言い渡し、控訴審もそれを是認していた。

これに対して、最高裁判所は、①裁判例の集積により犯罪類型ごとに示される一定の量刑傾向を目安とする必要があること、②裁判員裁判では、これまでの量刑傾向を変容させる意図で量刑することは否定されないが、公平性の観点から是認されるためには、従来の量刑傾向が前提と

8　最高裁判所事務総局『裁判員制度10年の総括報告書（第8回）』（2019年）17頁。

すべきでない事情について、具体的、説得的判示が必要であることを指摘したうえで、本件において、児童の生命等尊重要求が高まっていることは、具体的、説得的根拠とはいえないとして、夫に懲役10年、妻に懲役8年の刑を言い渡した。

　この事件の裁判員裁判では、裁判官裁判ではまずなかった求刑を大幅に上回る量刑がなされていた。これは、理由付けからしても、裁判員の主体的判断を反映したものである可能性が高い。児童虐待の末に子どもが死亡する悲惨な事件が相次いで報道されており、「児童虐待はより厳罰に処すべき」という世論が存在していることは間違いないと思われる。しかも、過去の量刑傾向を等閑視したわけでもなく、その限界を指摘したうえでの判断であった。しかし最高裁は、限界はあっても量刑傾向は前提としなければならず、また世論を理由に量刑傾向を外れることは公平性を害するため許されない、とした。

　最高裁は、公平性の観点から裁判員の主体的判断の尊重に限界を設けたものだと理解できる。これに対しては、こうした判断を許容しないのであれば、裁判員の主体的判断を抑制し、裁判員に量刑を判断させる意義が失われるのではないか、との疑問があり得るところである。

　しかしながら、ここで考えておくべきなのは、健全な市民「感覚」は、裁判体ごとに異なる可能性があることである。その事件の裁判体の市民感覚を尊重するということは、過去の裁判体の市民感覚が「健全でない」と評価することを意味するが、たまたま担当した裁判体が重い刑が相当であると判断する傾向を有していた場合に、重い刑を科すことは正当といえるのだろうか。

　そもそも「健全な」市民感覚とは、個々の裁判体の市民感覚ではなく、国民全体の感覚を平準化したもののはずである。複数の裁判体が当該事件について量刑傾向の内部で重い方（軽い方）に属する事件であると

いう判断を積み重ねていけば、検索システムで出力される量刑傾向自体が徐々に重い方（軽い方）にシフトしていく。それが健全な市民感覚に基づく量刑傾向の変化のあり方であろう。個々の裁判体としては、従来の量刑傾向が不適切だと考えた場合には、別途、「この事件について、裁判体として本来あるべきと考える量刑は○年程度であるが、これまでの量刑傾向との公平性を考慮して、この程度の刑にとどめた」という判決理由を示せば、裁判体の価値判断を明示し、社会に問題提起を行うことも可能である。

公平性の確保と裁判員の主体的判断の尊重は両立可能であるし、両立させなければならないものであろう[9]。

9. 裁判員裁判での死刑適用判断

量刑判断が最も深刻に争われるのは、死刑が求刑され、死刑適用の是非が問題となる事件である。従来の裁判官裁判は、死刑を科してもやむを得ないと判断できる場合にのみ死刑を科すという考え方で運用されてきた。死刑の適用件数は年間10件未満であり、死刑の適用は謙抑的に行われてきたと評価することが可能である。しかし2000年前後に犯罪

---

9 ただし量刑傾向の範囲内で量刑を行うこととすれば、健全な市民感覚に照らして犯情の重さに釣り合わないと判断される重い刑が言い渡されることは避けられるものの、改善更生の観点からして望ましいが、量刑傾向を下回るような刑を言い渡すことも同時に出来ないことになる。しかし量刑に政策判断の側面もあることからは、これは望ましいことではない。特に、近時は、被告人が知的障がい等を抱える場合に弁護人が更生支援計画という社会内で福祉の支援を得て更生する筋道を提示する場合が増えており、更生可能性についての専門的知見が活用可能になりつつあるだけに、なおさらである。この点について、刑の上限が犯情に見合う程度を超えてはならないという要請は、責任主義という刑法の基本原則に由来しているが、刑の下限に関しては、個別性の高い改善更生の可能性の高さにより決まるところ、改善更生の可能性は事例間での比較になじまず、また量刑傾向を構成している個別事案における改善更生の可能性の程度を把握することもできないことからは、量刑傾向の下限には必ずしも拘束されない、と考える余地があるように思われる。

図6　第1審死刑言渡人員

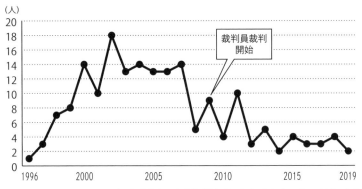

出所：『令和2年版犯罪白書』2-3-3-2 表の Excel データより作成

認知件数が増加した時期は、死刑判決も増加した。その時期に裁判員制度の導入が決まったため、制度開始前には、従来の基準に従わない判断がなされ、死刑判決数が増加するとともに、恣意的な死刑の適用がなされるのではないか、との懸念が示されていた。そのため、死刑の適用という負担の重い判断については、裁判員の判断対象から除外すべきとの意見もあった。その後、犯罪認知件数は減少に転じ、死刑判決数も減少に転じたところで、裁判員裁判が開始された。裁判員裁判開始後間もない時期である2011年には年間10件と2桁の死刑判決が記録され、死刑判決は再び増加に転じるものとも思われたが、2012年以降は年間2件ないし5件という水準にとどまっており、謙抑的な適用が継続している（図6）。

　こうした傾向を決定づけたと思われるのが、2015年同日に出された2件の最高裁決定（最決平27・2・3刑集69巻1号1頁、同99頁）である。①金品強奪目的でマンションに侵入し、室内の男性を殺害した事件と、②マンションに侵入し、帰宅した女性から金品を奪って刺殺した事件という2件の事件について、いずれも2011年に第1審の裁判員裁判で死刑

判決が出されていたが、ともに控訴審で破棄され、無期懲役に減軽されていたところ、最高裁においてもこの控訴審の判断が是認されたものである。

　最高裁は、死刑は究極の刑罰であるから、公平性の確保に十分に意を払うべきであるとして、裁判例の集積から死刑選択において考慮されるべき要素は何か、どの程度その要素を重視すべきか、そしてその根拠は何かについて検討する必要があるとした。そして、死刑の科刑が是認されるためには、死刑選択がやむを得ないとする判断に具体的、説得的根拠が必要である、とした。そのうえで、①事件については、殺害に計画性がなく、無理心中で妻子を殺害した前科があるが、この前科は本件の強盗殺人とは関連が薄い、として死刑選択に具体的、説得的根拠がない、とした。②事件については、殺害に計画性がなく、殺人以外の前科や余罪があるものの、そこからうかがわれる反社会的な性格傾向を重視した判断には、死刑選択に具体的、説得的根拠がない、とした。

　①事件のように、本件殺人とは類似性がないとはいえ、殺人犯が再び殺人を犯したこと、②事件のように、反社会的な性格傾向があることを重視することが、量刑判断としておよそ不合理であるとまではいえないものと思われる。にもかかわらず最高裁が、これらは具体的、説得的根拠にならない、としたのは、従来死刑相当だと考えられてこなかった類型の事件について、死刑相当だと評価替えすることには具体的、説得的理由が認められないということを意味していると思われる。先例に照らして死刑が相当かどうかが微妙な事件は別にして、裁判員の主体的判断により死刑適用を積極化していくことは予定されていないようにみえる。この点で、量刑判断一般とは異なり、死刑適用判断では「国民の多様な視点・感覚の反映」は期待されていない。

　それでもなお、死刑判断に裁判員が関わる意義としては、①死刑が他

の刑罰とは質的に異なり、一層慎重な判断を求められるものであることを一般市民が理解するようになる、②死刑適用がやむを得ない場合かどうか、という従来の裁判官裁判の考え方に沿って裁判員にも判断をしてもらえば、死刑を回避する方向で裁判員に主体性を発揮してもらう余地はなお否定されていない、③死刑制度の是非について市民が真剣に考える機会を提供する、といったものが考えられる。特に最後の点は、死刑制度の是非を考えることについて国民にニーズがないとしても、死刑制度が存置されているということは、合法的な殺人の権限を国民ひとりひとりが国家に負託していることにならざるを得ないという構造のゆえに、国民の責務であるといえることからも必要なことである。

10. 結び

　このように、量刑の公平性を維持することになお一定の意味を見出す限りにおいて、裁判員の主体的判断の余地が狭まること、究極の量刑判断である死刑適用判断においてその余地が大幅に狭まることは避けられない。量刑傾向の劇的な変動は予定されず、死刑適用に至っては基準の変更すらも予定されないことになる。制度の導入が決まった当初想定されていたうちの第2の方向性からしても、裁判員が主体性を発揮する余地がさらに狭まっていることは否めない。裁判員裁判の運用を通じて、個々の裁判体の市民感覚と国民全体の健全な市民感覚との間に乖離が生じ得ることが明らかになった。裁判員の意思をダイレクトに量刑に反映させるべきではない、ということになったといえよう。

　それでもなお裁判員裁判において、裁判員が量刑判断までを行うことに意味がないわけではない。量刑傾向は長期的には裁判員の市民感覚を反映して変動していくし、死刑適用判断への関与を通じて死刑に関する

認識や議論が深まることも期待できる。

　しかしそれらは、裁判員を量刑に関与させなければ達成できないといった性質のものではないだろう。国民の健全な市民感覚の変化は、裁判員が量刑判断を行わなくても、犯罪情勢の変化にも対応した形で、長期的にみれば量刑傾向に変容を及ぼしていき、司法への信頼を損なうような事態には陥らないと考えるのであれば、裁判員の判断事項から量刑判断を外すこともあり得なくはないと思われる。ただし、裁判員裁判の対象となる事件の大部分は自白事件であるから、有罪か無罪かを決めるためだけに裁判員を関与させる意義は乏しい。判断対象から量刑を外すのであれば、対象事件を争いのある事件に限定するとともに対象事件の範囲を拡大するといった大規模な改革が必要になると思われる。そうした可能性も排除することなく、裁判員制度をよりよいものにしていく不断の努力が必要であろう。

（ほんじょう・たけし）

第5章

裁判員裁判によって
弁護活動に変化はあったか

贄田健二郎

1. はじめに

　裁判員裁判が開始し、刑事裁判は大きく変わった。弁護活動も大きく変化した。現行刑事訴訟法の施行以来、最も劇的に変化したと言ってよいのではないだろうか。それほどまでに、刑事裁判は様変わりした。

　筆者は、2008 年 12 月に弁護士登録し、刑事弁護にも積極的に取り組んできた。登録間もなく 2009 年 5 月に裁判員裁判が始まった。裁判員裁判開始当初から刑事弁護に携わってきて、裁判員裁判開始前と開始後ではさまざまな変化があったと実感している。

　本稿では、裁判員裁判開始後の刑事裁判の変化と弁護活動の変化について、弁護人の立場から感じていることを述べたい。裁判員裁判開始後、最も顕著な変化があったと感じるのは公判段階である。まずは、公判段階の変化を述べ、その後、公判準備、捜査の変化を順に述べることとする。

2. 裁判員裁判と公判弁護の変化

(1) 公判の変化①——精密司法から核心司法へ

　裁判員裁判で、刑事裁判の公判がどのように変わったか。まずは精密司法から核心司法への変化について述べる。

1）従来の裁判

　従来の刑事裁判は、「精密司法」と称されてきた。1つの事件について、細かな争点まで詳細に証拠を調べ、事実を認定してきた。そのために、法廷には膨大な量の証拠が提出され、それを裁判官がじっくりと読み込み、事実関係を整理し、詳細な事実認定を行ってきた。

　丁寧な審理が可能となるという肯定的な評価もできるが、些細な争点にわたるまで多くの証拠と時間を割いて審理することになり、本来力を入れるべき核心的な争点の審理が、相対的に希薄になってしまうということも言えるであろう。精密司法と呼ばれる日本の刑事裁判の在り方には、従来から根強い批判があった。

2）裁判員裁判開始後の変化——核心司法へ

　裁判員裁判が始まって、従来の裁判のやり方は維持できなくなった。筆者が思うに、その理由は次のようなところにある。

　まず、膨大な証拠をじっくりと読み込み、事実関係を整理し、詳細な事実認定を行う作業は、非常に高度専門化された作業である。もちろん、裁判員として参加する一般の方の中にも、書類を読み込んで事実を確定する作業に慣れている方もいるであろう。しかし、そうでない方もいる。さまざまな背景をもった一般の方の意見を取り入れることを目的とした裁判員裁判において、従来のように書類をじっくり読み込むスタイルの裁判は、もはや維持できなくなったのである。

また、一般の方が参加できる期間は限られている。従来の裁判では、複雑な事件だと、数年かけてようやく判決に至る事件も少なくなかった。しかし、一般の方を1つの事件のために何年も拘束することはできない。この観点からも、従来の裁判は維持できなくなった。

　そもそも、膨大な証拠でもって、細かな争点まで詳細に事実認定する必要は必ずしもなかったのである。どのような事件でも、真に争われるべき重要な争点は限られており、細かな争点に時間と労力を割くよりは、重要な争点に絞って審理するほうが、より充実した審理が可能となる。

　このような観点からなされた司法研修所の研究報告がある。この研究では、公訴提起から判決まで数年を要した過去の事件を取り上げ、どの程度の審理期間の短縮が可能か精査された。総括として、次のように指摘されている。「これまで1年を超え、数年をかけて判決に至っていた事件についても、核心司法の立場にたち、当事者双方の十分な協力を得て、真に裁判員に判断を求めるべき点のみを争点とした上で、証拠を裁判員が理解可能な範囲に厳選し、無駄を省いた証拠調べを実施すれば、本研究の各論で取り上げた事件についていえば、裁判員が関与する公判審理の期間を4期日ないし12期日に収めることは可能だと考えられる」[1]。

　このような問題意識が背景にあり、裁判員裁判において、刑事裁判の公判は様変わりした。メリハリの効いた充実した審理を実現するために、重要な争点に的を絞り、そこに集中して審理をするように変化した。証拠を事前に厳選し、争点に関係する重要な証拠を集中的に取り調べるようになった。まさに、精密司法から核心司法へと変化した。

---

[1] 司法研修所編『裁判員制度の下における大型否認事件の審理の在り方』（法曹会、2008年）107頁。

(2) 弁護活動の変化①――ケース・セオリーの意識

　精密司法から核心司法へ変化することにより、公判弁護も変化した。1つのポイントとして挙げられるのが、ケース・セオリーの意識である。

1）従来の公判弁護

　従来は、細かな争点まで詳細な事実認定がされていたため、検察官の主張も自ずと詳細なものであった。弁護人も、検察官の主張に逐一反論していたため、総花的な主張を展開していたことが多かった。

2）裁判員裁判における公判弁護

　しかし、核心司法へと変化するにつれ、公判弁護も変化してきた。

　近年、弁護人の間で意識されるようになったのが、「ケース・セオリー」という概念である。ケース・セオリーとは、「当事者の一方からする事件についての説明」などと説明されている[2]。依頼者である被告人の主張が認められるべき理由を端的に述べるものであり、すべての証拠を矛盾なく説明できるものでなければならないとされる。弁護人は、求める結論が正しいということを端的に説明するケース・セオリーを構築し、それを軸に公判弁護活動を行うようになった。

　このような変化がもたらされた背景の1つとして、公判期日の入れ方の変化が挙げられる。従来は、公判期日を月に1～2回程度、五月雨式に入れていた。そのため、ある期日で検察官から新しい証拠が提出されたとき、反論を次回期日までに検討してくるということもあった。重要な証人尋問の場面では、主尋問終了後、期間を開けて反対尋問を実施するケースもあった。このような公判期日の入れ方も、事件が長引く要因であった。裁判員裁判が始まり、公判期日を五月雨式に入れることはできなくなった。公判開始から終了まで連続して開廷する集中審理へと変

2　日本弁護士連合会編『法廷弁護技術〔第2版〕』（日本評論社、2009年）18頁。

化した(それを可能にした公判前整理手続については後述する)。弁護人と
して、検察官の提出した証拠を見てから反論を考える、主尋問を聞いて
から反対尋問を考える、といったことができなくなった。検察官の主張
に対する反論も、主尋問に対する反対尋問も、公判が開始する前にあらか
じめ検討しておかねばならなくなった。そのための軸になるのが「ケー
ス・セオリー」である。

　ケース・セオリーを構築することによって、この事件の核心的な争点
は何か、ということを弁護人は常に意識するようになった。そして、重
要な争点に絞った主張・反証を意識するようになった。公判を通じて一
貫した主張を展開することで、弁護人の主張の説得力も増した。裁判員
裁判の開始は、弁護活動に大きな変化をもたらした。

(3)　公判の変化②──調書裁判から口頭裁判へ

　刑事裁判の公判の変化として、続いて調書裁判から口頭裁判への変化
が挙げられる。

1）従来の裁判

　従来の裁判は、しばしば「調書裁判」として批判されてきた[3]。先に
指摘したように、法廷には膨大な証拠が提出される。そのほとんどは、
捜査機関の筋書きに則って作成された証拠書類である。それらが証拠と
して提出され、裁判官はじっくりと読み込んで事実認定をする。自ずと、
捜査機関の筋書きに則った事実認定となる。刑事裁判は捜査段階で完結
しており、公判はそれを追認する場に過ぎないとも批判されてきた。

　証拠が膨大であるがゆえに、公判廷ですべて読み込むことは不可能で
ある。そこで、公判では証拠の要旨のみが告げられ、裁判官は証拠を部

3　調書裁判の理論的位置付け等については、本書第2章の緑大輔「裁判員裁判の運用状
　況と評価」(34頁)を参照されたい。

屋に持ち帰ってじっくり読み込む、ということが行われていた。

2) 裁判員裁判

　裁判員裁判においては、従来の裁判のようなやり方は維持できない。一般の方が参加することになり、限られた期間の中で結論を出さなければならない。証拠をじっくりと読み込んで検討する時間はない。

　法廷で心証がとれるように、まず、証拠書類の取調べ方法が変化した。大量の書類を読み上げることはできないため、争いのない事実については、わかりやすく簡潔にまとめられた証拠書類を新たに作成し[4]、それを法廷で読み上げることで事実関係を的確に把握してもらうことを意識するようになった。また、被害者や目撃者など事件のキーになる人物や、被告人については、供述調書を取り調べるのではなく、証人尋問、被告人質問が先行して実施されることが当たり前になった。

　被告人質問の実施方法は、裁判員裁判をきっかけに変化したよい例であろう。従来、特に事実に争いのない事件では、被告人が捜査段階に作成した供述調書(いわゆる乙号証)が先に取り調べられ、被告人質問は供述調書の内容を補完する位置付けであった。そのため、被告人質問で事件の内容にはあまり触れられず、反省や今後の更生といったポイントに力点が置かれていたのが実情であった。

　裁判員裁判開始前に実施されていた模擬裁判や、開始当初の裁判員裁判でも、乙号証を先に取り調べる審理方法が行われたことがあった。その裁判に参加した(模擬)裁判員の方々から、次のような疑問が提起された。「なぜ被告人が法廷にいるのに直接聞かないんですか」。確かに、本人が目の前にいるにもかかわらず、事前に作成された供述調書を検察官

4　検察官が証拠の内容を整理してまとめた「統合捜査報告書」を作成し、弁護人がそれに同意する、というやり方が採られることが多い。検察官と弁護人が内容に合意して作成される合意書面（刑訴法327条）が利用されることもある。

が読み上げるというのは、奇異な光景である。一般の方からすればごく自然な疑問かもしれないが、実に核心を突く問題提起であった。被告人本人がいるのであるから、直接聞けばよいのであって、わざわざ事前に作成した供述調書を読み上げるという迂遠な方法をとる必要はそもそもなかった。

このような問題提起もあって、裁判員裁判では、乙号証が請求されていてもただちに採用せず、まずは被告人質問を先行して実施し、必要がある場合に限って乙号証を採用する審理方法に変化した(なお、ほとんどの場合、被告人質問で事足りるので、検察官が請求を撤回するか、裁判所が証拠請求を却下する)。「被告人質問先行型」の審理と呼ばれる。

被告人質問先行型審理への変化について、弁護人として裁判に関わる立場から、筆者は好意的に評価している。事実認定をする上で、供述調書を読むよりも、被告人質問を実施するほうが、いくつかの点で優れている。1つは、リアリティの差である。書面を読むより、直接話を聞く方が、圧倒的にリアリティがある。供述調書は、被告人の言葉がそのまま文章化されるわけではない。あくまで捜査官が整理してまとめ直した文章である。情報の整理には役立つが、臨場感に欠ける。被告人本人が自分の体験を自分の言葉で語るほうが、リアリティをもって事実認定者に伝わる。また、供述調書では、表情、口調、間の取り方といった、言語外の情報は伝わらない。それから、供述調書には不必要な情報が記載されていることも多い。捜査段階に作成されることから、多くの情報を証拠化しておきたいという意識がはたらくことは当然であるが、それをすべて公判に顕出しなければならないわけではない。被告人質問を先行させれば、審理にとって必要な情報に集中することができ、的確な事実認定が可能となる。

裁判員裁判が開始され、従来、証拠書類が大量に提出されていた法廷

が様変わりした。証拠書類は簡潔にまとめられ、証人尋問や被告人質問を積極的に実施するようになった。まさに、調書裁判から口頭裁判へ変化したと評価すべきである。

(4)　弁護活動の変化②──法廷弁護技術の実践

　調書裁判から口頭裁判への変化にともない、裁判員裁判において、弁護人は、法廷弁護技術を意識するようになった。

1）従来の公判弁護

　従来は、膨大な証拠を元に、長大な弁論要旨を書くことが弁護人の役割であった。ときに数十ページ、数百ページに及ぶ弁論要旨を作成することもあった。法廷で裁判官を説得するのではなく、弁論要旨を持ち帰ってじっくり読んでもらうことに主眼を置いていた。まさに書面を書くことが弁護人の役割であった。

2）裁判員裁判における公判弁護

　一般の方が裁判員として加わることで、書面をじっくり読んでもらうという説得方法は通用しなくなった。公判廷で、口頭で、いかに説得力のある主張を展開するかが問われることとなった。書面を書くのではなく、口頭で説得するのが弁護人の役割になった。当事者の主張方法についても、口頭裁判へと変化したわけである。

　そこで弁護人が意識するようになったのが「法廷弁護技術」である。裁判員裁判を契機に、弁護人の間でも、口頭で説得する技術、手法が研究されるようになった。日弁連内に、「公判弁護に関するプロジェクトチーム」が発足し、法廷技術の検討が重ねられた。また、アメリカの法廷技術教育機関である全米法廷技術研究所(National Institute for Trial Advocacy；NITA)から講師を招き、弁護士会員の参加を得て研修会を開

催した。その知見を活かして、書籍も発刊された[5]。そして、これらの研究成果を活かして、法廷弁護技術研修のプログラムが構築され、裁判員裁判対象事件を担う弁護人向けに、各弁護士会で研修が重ねられるようになった。

　法廷弁護技術研修は、模擬記録教材をもとに、受講者が、冒頭陳述、主尋問、反対尋問、最終弁論を実践し、それに対して講師役がクリティークをするという内容である。その様子はビデオ撮影され、ビデオを視聴しながらのクリティークも受ける。自分の実践に対して、問題点や改善点の指摘を受けることは貴重な体験である。また、他の受講生の実践やクリティークを見ることで、多角的な視点を持つこともできる。筆者も受講し、多くのことを学んだ。

　ここで、研修内容の一部を紹介しておきたい。冒頭陳述においては、「ストーリーを語る」ということが意識される[6]。裁判員裁判対象事件は、公判前整理手続に付されるため、弁護側も冒頭陳述をする(刑訴法316条の30)。ところが、従来は弁護側が冒頭陳述をすることはほとんどなかった。そのため筆者は、冒頭陳述では何を語ればよいのか見当がつかなかった。法廷弁護技術の考え方はその1つの回答を示すものであった。また、初頭効果、新近効果という概念が提示される[7]。人は、最初に示された情報と、最後に言われたことが、よく記憶に残る。そのため、冒頭陳述や最終弁論においては、最初と最後に最も伝えたいことを言うと効果的である、ということである。研修で初めて学び、今でも法廷で弁論等をする際に意識している。その他、身振り手振りの方法や間の取り方、声の大きさやスピードなどもアドバイスを受ける。

5　前掲注2書。

6　前掲注2書91頁。

7　前掲注2書31頁。

もちろん、研修内容がすべてではないし、説得の方法は人それぞれであるが、１つの手法を示すものとして、非常に有意義な研修である。

　現在では、裁判員裁判対象事件の国選弁護を受任するためには、法廷弁護技術研修を受講していることを要件としている弁護士会も多い。裁判員裁判を担う弁護人全体が法廷弁護技術を意識するようになったことは、公判弁護活動の大きな変化である。

(5)　公判の変化③——量刑判断の実質化
1）量刑判断の実質化の契機
　従来、少なくとも実務家の間では、被告人を有罪とした場合の刑の重さを決めるいわゆる量刑判断の在り方について、意識して論じられてこなかったように思われる。

　当該事件でどのような刑にするかについては、いわゆる「量刑相場」があり、概ね量刑相場の範囲内で決まっていた。「量刑相場」とは、いわば、過去の同種事例でどの程度の刑が科されてきたかの積み重ねである。外部からは見えないものであるが、裁判官の中には、量刑相場が蓄積されており、相場に従った刑が言い渡されることにより、刑の公平性が保たれてきた、というわけである。いわゆる量刑相場は検察官の中にもあり、事実に争いのない事件では、検察官の求刑のおおよそ７～８割の刑が言い渡されるのが通例であった。

　また、各種の量刑事情に関して、なぜ刑を重くする(軽くする)事情になるのか、あまり意識されていなかったように思う。長年の蓄積があり、どのような事情が重く(軽く)作用するかについては、法曹三者の共通理解があった。たとえば、「反省していること」「前科がないこと」などは刑を軽くする事情とされてきたが、なぜ軽く作用するのか意識して論じなくとも、裁判官は量刑理由として取り上げてきた。

しかし、裁判員が量刑判断もすることになり、法曹三者の共通理解は通用しなくなった。模擬裁判などで、一般の方から種々の疑問が提起された。「悪いことをしたら反省するのは当たり前なのに、なぜ反省していると軽くしなければならないんですか」「前科がないのは当たり前、自分だって前科はない。なぜ前科がないことで刑が軽くなるんですか」といった疑問である。一般の方からみれば素朴な疑問なのであるが、この疑問に対する回答を法曹三者は意識して考えてこなかった。だが、これらの疑問に答えることができなければ、当事者の主張は説得力を欠くし、裁判官も実質的な評議ができない。

2) 量刑判断の実質化の試み

以上のような契機があり、裁判官の間で、量刑判断の在り方について研究が行われた。その成果が、『裁判員裁判における量刑評議の在り方について』[8] である。量刑判断の流れについて体系的に整理し、各種量刑事情についてそれぞれなぜ刑の重さに影響するのか理論的に分析することを試みた文献である。内容についてさまざまな評価があるものの、これまで曖昧であった量刑判断の在り方について、裁判官の考え方を公に明らかにしたものとして、非常に参照価値の高い文献である。

この文献の考え方を、検察官も弁護人も意識して主張を展開するようになった。これまで相場に則って決められていた量刑について、当事者も主張を戦わせるようになり、被告人に対する量刑がより実質的な議論を踏まえて決せられるように変化したと感じている。

3) 量刑検索システムの構築

量刑判断の実質化のためにもう1つ重要な変化として、量刑検索システムの構築が挙げられる。

8　司法研修所編『裁判員裁判における量刑評議の在り方について』(法曹会、2012 年)。

これまでの「量刑相場」は、いわば裁判官の中にあるもので、外から見ることはできなかった。[9] 当事者、特に弁護人が、当該事件でどのような刑が相当といえるか主張しようにも、その手がかりがなかった。そのため、弁護人としては被告人に有利に働きそうな事情を主張するにとどめ、具体的な量刑は裁判官任せにすることが多かった。

　しかし、裁判員裁判が開始し、量刑判断についても裁判員が関与して実質的な評議をしなければならなくなった。その前提として、当事者も、当該事件でどのような刑が相当といえるかについて、具体的な主張を展開する必要があった。

　そこで構築されたのが、量刑検索システムである。過去の裁判員裁判における判決内容をデータベース化したものである。各裁判所に設置されており、裁判員裁判を担当する検察官と弁護人が閲覧することができる。罪名や、量刑事情ごとに、項目を指定して検索することができ、担当事件と同種の事件で、過去にどのような刑が言い渡されているか、具体的に知ることができるようになった。

　裁判員裁判において、被告人に対する量刑を決める際には、量刑検索システムから導かれる過去の量刑傾向を把握することが、当然の前提になった。[10] これまで裁判官の中にある「相場」でしかなかったものが、当事者にも見える形のシステムとして整備されたことは、画期的な変化である。

9　裁判所内には、過去の判決書が記録として残されており、量刑を決める際に過去の事例を参考にすることもあるわけだが、いずれにしても弁護人が参照できるようなものではない。

10　最判平成 26・7・24 刑集 68 巻 6 号 925 頁は、裁判員裁判における量刑判断について、「評議に当たっては、これまでのおおまかな量刑の傾向を裁判体の共通認識とした上で、これを出発点として当該事案にふさわしい評議を深めていくことが求められているというべきである」と判示している。

⑹　弁護活動の変化③——量刑主張の実質化

1）従来の量刑主張

　無罪を争わない事件の場合、弁護人は、最終弁論において、被告人にどのような刑を科すべきかについての主張も述べる。死刑か無期懲役かが争われる事件、実刑か執行猶予かが争われる事件では、「無期懲役にすべき」「執行猶予にすべき」という主張をしてきた。しかし、実刑になることは争い難く、刑期が争点になる事件では、「寛大な判決を賜りたい」などと述べるのみで、「懲役〇年にすべき」という主張を多くの弁護人はしてこなかった。いわば裁判官任せにしてきた。量刑相場が弁護人にはわからず、具体的な刑期を主張できるほどの情報を持ち合わせていなかったことと、相場に従って公平に決めてくれるという裁判官に対するある種の信頼感があったことが理由として挙げられる。

　また、個々の量刑事情を主張する際に、それが「なぜ重く（軽く）する事情なのか」を説明してこなかった。弁護人としては、被告人の刑を軽くすると考えられる事情をともかく挙げて、裁判官の判断に委ねてきた。それで通用してきたのは、法曹三者の共通理解があり、「被告人は反省している」と主張しさえすれば、裁判官は有利な事情として取り扱っていたからである。

　有利になりそうな事情をともかく挙げて、「寛大な判決を賜りたい」という一言で結ぶ、多くの事件でそのような弁論がされてきた。

2）裁判員裁判における量刑主張

　ところが、裁判員裁判が開始され、上記のような主張は通用しなくなった。

　「なぜ反省していることが有利な事情なのか」「なぜ前科がないことが有利な事情なのか」、説明ができなければ裁判員の共感は得られない。検察官は具体的な求刑をする。それに対して弁護人が「寛大な判決を賜

りたい」では、説得を放棄しているようなものである。弁護人が考える相当な刑を主張しなければ、裁判員は説得できない。

　裁判員裁判が始まって、弁護人は、量刑を争う事件で、「懲役〇年が相当である」と弁護人がふさわしいと考える刑期を具体的に主張するようになった。それを理由づける量刑事情についても、「なぜ重くする事情なのか」「なぜ軽くする事情なのか」を説明するようになった。

　具体的な刑期を主張する上で参考にするのが、量刑検索システムである。量刑を争う事件にとって、量刑検索は必須の弁護活動になった。もちろん、過去の量刑傾向がすべてではないし、1つとして同じ事件はないから、あくまで参考資料の1つであるが、弁護人にとって具体的な刑を主張する足掛かりになっていることは間違いない。

　また、刑を重く（軽く）する理由を説明するようになったのは大きな変化である。もちろん、正解があるわけではないし、たとえば「反省している」という事情がなぜ刑を軽くする事情なのかというと、実は非常に説明が難しい[11]。筆者は、本人が事件を起こしたことをどう考えているのか、原因をどのように分析しているか、二度と同様のことを起こさないようにどのような対策を考えているか、といった事情を説明し、再犯可能性を低下させる事情として主張するなど、試行錯誤している。

　各弁護人が、裁判員の共感を得るべく努力をしている。今まで裁判官に委ねていたことを、弁護人が本気で考えるようになったことは確かであり、弁護活動の内容が劇的に変わった分野であろう。

---

11 「裁判員裁判における量刑評議の在り方について」では、「矯正指導を素直に受け入れる可能性の程度を推知する事情として、特別予防の一事情として位置づけられることになろう」と説明されている。前掲注8書66頁。

3. 裁判員裁判と公判準備の変化

(1) 公判前整理手続

1) 公判前整理手続の創設

　裁判員裁判を契機に、公判準備段階で新たな制度が創設された。それが「公判前整理手続」である。

　2004年、裁判員制度を創設する「裁判員の参加する刑事裁判に関する法律」（以下「裁判員法」という）とともに、「刑事訴訟法等の一部を改正する法律」が成立、公布されたが、ここで創設されたのが公判前整理手続である。公判前整理手続は、裁判員裁判開始前の2005年に施行されている。

　公判前整理手続は、受訴裁判所が「充実した公判の審理を継続的、計画的かつ迅速に行うため必要があると認めるとき」にこの手続に付するか否かを決定するものである（刑訴法316条の2）。裁判所が主宰し、検察官・弁護人が双方の主張を明示した上で、事件の争点を整理すること、検察官・弁護人がそれぞれ証拠を提出した上で、公判廷で取り調べる証拠を整理すること、この2点を主たる目的としている。

2) 裁判員裁判と公判前整理手続

　公判前整理手続は、もともと、裁判員裁判のために必要なものとして導入された制度である。裁判員裁判では必要的に公判前整理手続に付される（裁判員法49条）。

　なぜ裁判員裁判のために必要なのか。それは核心司法の実現に必要だからである。既に述べたように、裁判員裁判では、従来のように、膨大な証拠を取調べ、細かな争点まで緻密に認定するような審理はできない。限られた期間内に判決言渡しをするため、連続的・集中的に公判期日を開かなければならない。公判開始時に、当該事件で真に審理すべき重要

な争点は何か、取り調べる証拠は何か、あらかじめ整理されていなければ、限られた期間内に充実した審理をすることは不可能である。そこで、公判開始前に、裁判官、検察官、弁護人の三者で争点と証拠を整理しておく必要があり、そのために創設された制度が公判前整理手続である。

(2) 公判前整理手続の利点——証拠開示制度
1) 従来の証拠開示の不十分さ

弁護人の立場で、公判前整理手続が導入されたことの利点を述べるならば、証拠開示制度が創設されたことである。

検察官は、公訴事実立証のために必要な証拠を選別して請求するのであるが、その背後には、弁護人に開示されない多数の証拠がある。弁護人に開示されない証拠の中には、検察官の主張を弾劾する証拠や、被告人に有利な事情を裏付ける証拠が含まれている可能性もある。しかし、従来は、検察官が請求する証拠しか、原則として見ることができなかった。

2) 証拠開示制度の創設とその効果

公判前整理手続の導入により、弁護側の証拠開示請求が「権利」としてはじめて創設された。これは画期的な改革である。

公判で、重要な争点に絞ったメリハリの効いた審理を実現するために、公判前に争点と証拠を整理するための手続が公判前整理手続である。争点と証拠を整理するためには、事前に弁護側にも主張と証拠に対する意見を明示させなければならない。それを可能にするためには、弁護側にもある程度の証拠が開示されていなければならない。そのような考え方から、公判前整理手続において証拠開示制度が創設された。

証拠開示請求を駆使することにより、従来より格段に多くの証拠を見ることができるようになった。これにより、公判前整理手続の段階で、

弁護側の主張を明示することが可能になった。

　なぜ証拠開示制度がないと、事前の主張明示ができないか。次のような理由がある。まず、証拠の全体像がわからないと、検察官の主張を証拠上争うことが可能か否か判断できない。検察官の主張に穴がありそうだと思っても、それを補強する証拠が実は存在するかもしれない。逆にそのような証拠がないから出してこないのかもしれない。さまざまな可能性がありうることから、主張を1つに絞ることができない。また、被告人に有利となる主張が考えられたとしても、その主張と矛盾する証拠が存在するかもしれない。逆に主張を補強する証拠があったとしてもその証拠を出してこないかもしれない。さまざまな可能性を考えて、事前に主張を明示することに躊躇する。証拠開示制度がないと、事前の主張明示はどうしてもリスクがありできないのである。

　証拠開示制度が創設されたことで、証拠の全体像がある程度わかるようになった。弁護側の主張を事前に絞り込むことが可能になった。前述の「ケース・セオリー」の構築が可能になったのも、証拠開示制度があるからである。

　「何を争って、何を争わないか」を事前に絞り込むことができるようになったのが、証拠開示制度創設の大きな効果である。証拠開示が認められたことにより、公判準備段階の弁護活動は格段に変化した。

(3)　証拠開示制度の今後の課題

　上記のとおり、証拠開示制度によって、従来より多くの証拠を弁護側は手に入れられるようになった。しかし、まだ不十分である。

　公判前整理手続における証拠開示は、「類型該当性」や「主張との関連性」といった一定の要件を満たす証拠しか開示の対象にはならない。「全証拠」が開示される状況には程遠い。従来に比べると格段の変化が

あり、事前の主張明示等も可能な状況にはなっているが、それでもなお、全証拠が開示されない以上、被告人に有利に働く証拠がまだ残っているのではないかといった疑念がどうしても弁護側には残る。そのため、証拠開示をめぐって公判前整理手続が紛糾する事案は少なくない。

　検察官は、捜査段階で入手された全証拠を検討した結果、有罪が立証できると判断して、公訴提起しているわけである。そうであれば、弁護側に全証拠を開示しても、何ら支障はないはずである。むしろ、公判では検察官と被告人・弁護人は対等な当事者なのであるから、検察官が把握している証拠はすべて弁護側に開示するのが、フェアであろう。全証拠が弁護側に開示されれば、証拠開示をめぐって紛糾する事態は起こらない。証拠を開示する、しないをめぐって争うのは、不毛な議論であると筆者は思う。

　証拠の大部分を開示しても、公判での立証活動に支障が生じていないことは、これまでの裁判員裁判の運用が物語っている。全証拠を開示しても、状況に変化があるとは思えない。証拠の全面開示の実現が今後の課題である。

4. 裁判員裁判と捜査の変化

(1) 取調べの可視化制度の創設

1) 従来の捜査手法——自白偏重

　捜査段階の重要な捜査の1つが、被疑者に対する取調べである。従来は、取調べにおいて自白を獲得することが、捜査の常道であった。取調室という密室で、徹底した理詰めの攻めたて、利益誘導、ときには暴行・脅迫を用いて自白を獲得する捜査が行われていた。その結果、被疑者が意に沿わない自白をしてしまい、法廷で争われることも多かった。後に

無実であることが判明した著名な冤罪事件でも、捜査段階で虚偽自白をしているケースは多い。「自白偏重」の捜査手法として、批判が絶えなかった。

　取調室が密室であるがゆえに、被疑者に対する不当な取調べの有無を事後的に検証することが困難であったことが、この問題をより根深くしていた。捜査段階に虚偽自白をさせられたと主張し、公判で自白の任意性・信用性が争われる事例は少なくなかった。しかし、取調室には捜査官と被疑者しかいない。そのため、証人として出てくる取調べ担当捜査官の供述と被告人の供述と、どちらを信用するかという争いになる。被告人は「不当な取調べを受けた」と供述するが、捜査官は当然「不当な取調べなどしていない」と供述する。結局、水掛け論になってしまう。すると、往々にして裁判官は捜査官の供述を信用する。捜査官はプロであり、被告人は素人である。理路整然と自らの正当性を語る捜査官の供述のほうを信用するのは、（正しいとは思わないが）仕方のない面があったのかもしれない。被告人が不当な取調べを主張しても、捜査官が出廷すればその主張は排斥されてしまう。このような裁判の現状も、自白偏重が変わらなかった要因であったように思われる。

2）取調べの可視化導入へ

　密室取調べによる自白偏重を打破する方策として、長年議論されてきたのが、取調べの可視化（録音録画）である。取調べの様子が録音録画されていれば、不当な取調べがあったか否かを、録画媒体を見ることで事後的に検証することが可能になる。法廷での水掛け論を回避することができる。また、録音録画されている状況であれば、取調べ担当捜査官も無理に自白を獲得するような取調べ方法はできなくなり、不当な取調べの抑止になり、自白偏重からの脱却も進む。

　取調べの可視化導入の１つの契機になったのが裁判員裁判である。一

録音録画機材が設置された模擬取調室。右は、被疑者役、中央は検察官役（東京千代田区の検察合同庁舎。写真提供：最高検察庁）。

般の方にもわかりやすい審理を心がける上で、より客観的な証拠で立証する必要性が高まった。従来のように、取調べ状況を巡る水掛け論を法廷に持ち込むのはふさわしくない。裁判員が的確に判断できるようにするために、取調べの可視化は必要であった。

　2006年から、検察庁における取調べについて、「試行」として取調べを録音録画する運用が始まった。当初、試行の対象事件は絞られていたが、徐々に、裁判員裁判対象事件全般やその他の事件にも対象は広がっていった。警察署における取調べについても、同様に録音録画の試行がされるようになった。2014年には、最高検が「取調べの録音・録画の実施等について（依命通知）」を発出し、従前試行の対象とされていた裁判員裁判対象事件等の事件では本格実施することが決定された。裁判員裁判対象事件では、取調べが録音録画されることが当たり前といえる状況となった。

　そして、2016年の刑訴法改正によって、取調べの録音録画が初めて

法制化された(刑訴法301条の2)。2019年6月に施行されている。対象事件は、裁判員裁判対象事件と検察官独自捜査事件[12]に限られているが、法律に明記されたことは画期的なことである。

(2)　捜査弁護の変化——黙秘実践

1）被疑者段階の黙秘権行使の重要性

　被疑者段階の弁護活動において、黙秘権行使は、重要なポイントの1つである。筆者自身も、被疑者に対して、取調べでは黙秘するようアドバイスすることも少なくない。とりわけ事実を争う事件では、黙秘権行使が必須ともいえよう。

　やっていないならやっていないときちんと説明すればよい、そう思われる方もいるかもしれない。しかし、こと被疑者取調べにおいては、このような考え方を採ることはできない。被疑者と取調べ担当捜査官では、圧倒的に立場が違う。捜査官は取調べのプロである。それまで収集した証拠の内容も知っている。対して被疑者は素人である。取調べには慣れていない。プロである捜査官にたった1人で対峙しなければならない。身体拘束を受けていれば、それに伴う精神的負担もある。そして、取調べ中に証拠を見ることはできない。あの手この手で自白を取ろうとする捜査官に対抗できる被疑者はほぼいないであろう。著名な冤罪事件でも、取調べの圧力に負けて虚偽自白に陥ってしまった事例が多い。

　意に沿わない自白をしないよう、被疑者が身を守る武器になるのが、黙秘権行使である。

　また、自白に至らないまでも、事実や記憶と異なる供述をすることを防止するためにも、黙秘権行使が有効な防御策となる。人間の記憶は曖

12　検察官独自捜査事件が対象とされているのは、厚労省元局長事件等で明るみになったいわゆる特捜部の不当捜査が要因となっている。

昧なものである。まして、数か月前、数年前の事件ともなれば、正確に事実を説明できるはずがない。取調室では、証拠と照らし合わせて記憶をよみがえらせることもできない。捜査段階に供述したことが、後に証拠と矛盾していることがわかることもある。そのような場合、単なる記憶違いとして納得してもらえるとは限らず、虚偽を述べたと評価されることもある。このような事態を避けるためにも、黙秘権行使が重要なのである。

天井にドーム型カメラと集音マイクを備えた録音・録画（可視化）専用の取調室。右側の人物は被疑者役の警察職員（東京都内の警視庁施設。2016年3月28日。写真提供：時事通信）

2）取調べの可視化と黙秘権行使

　従来は、取調べにおいて黙秘権を行使することは、必ずしも容易ではなかった。被疑者が黙秘権を行使しようとすると、捜査官は話をさせようと執拗に「説得」する。ときには、説得とは名ばかりの恫喝に近いようなこともされてきた。その結果、数々の冤罪事件が発生したことは前述のとおりである。

　取調べが可視化されることにより、被疑者が黙秘権を行使しても、以前のような露骨な「説得」は減少してきたように感じる。事後的に不当な取調べをしていたことが判明すれば、供述の任意性・信用性に大きく影響するからである。取調べの可視化が不当取調べの抑止になっており、黙秘権行使はより容易になった。黙秘権を行使する弁護戦略がより現実的になったことは、捜査弁護の大きな変化である。

3）今後の課題——取調べへの弁護人立会い

　取調べの可視化により、不当な取調べが減少してきたことは間違いない。しかし、取調室が密室であることに変わりはなく、被疑者がたった１人で捜査のプロと対峙しなければならない状況に変化はない。本来であれば、取調べの場においても、被疑者は法律のプロによる助力を得られるべきである。

　そこで、今後の課題として、取調べへの弁護人立会いが挙げられる。日弁連は、2019年の第62回人権擁護大会(徳島市)において、「弁護人の援助を受ける権利の確立を求める宣言——取調べへの立会いが刑事司法を変える」を採択した。今後、取調べへの弁護人立会いの議論が進むことを期待する。

（にえだ・けんじろう）

第6章

国際比較の視点からみる裁判員制度
中国の「人民陪審員制度」を例に

王 雲海

1. はじめに

　日本での裁判員制度の導入は、欧米などの諸外国の制度を詳細に研究し、その経験と教訓を比較、吟味し、日本の司法改革の理念、刑事司法の伝統と現状を十分に考慮したうえで実現されたものと言える。また、裁判員制度が 2009 年に導入されて以後、その実施状況は、世界の多くの国々と地域、特に東アジアの諸国と地域から大いに注目されており、それらの国々や地域での司法への市民参加制度の構築に対して事実上大きな影響を及ぼしているように思われる。従って、日本の裁判員制度に

関して、このような国際性を意識し、国内的視点だけでなく、国際的比較の視点からも検討することが必要であろう。

「国際的比較」といえば、「欧米 VS 日本」という「二極的」比較が無意識のうちに想定されがちである。裁判員制度もその導入やその実施状況の評価は欧米、特にアメリカにおける陪審制を念頭におきながら、そのような「二極的比較」のなかで展開される場合がある。しかし、このような「二極的比較」には限界があって、物事の一面しか見えず、より深く観察することができないきらいがある。それを克服するためには、比較対象を拡大して、「欧米 VS 日本 VS アジア（など）」というような「三極的比較」を行うことが望まれる。そのような比較を通じてであれば、物事は、そのもう一面が見えてくるし、より深く見ることもできるようになる。[1] 司法への市民参加も、「欧米 VS 日本」という「二極的比較」の構図のなかであれば、欧米における司法への市民参加の歴史の長さ、司法参加に対する民衆の積極的な姿勢などの積極的な面がよく見えてくるが、東洋社会には、例えば、日本での裁判員候補者の辞退率の高さや、中国では「人民陪審員」の確保の難しさ（後に述べる）といった問題もあることが、もう一面として視野に入ってくる。このように、裁判員制度をより全面的にまたはより深く見るためには、「二極的問題意識」・「二極的比較」よりも「三極的問題意識」・「三極的比較」のなかで議論することが望ましい。このような問題意識のもとで、本論文では、日本の裁判員制度との関連で、中国における司法への市民参加制度としての「人民陪審員制度」をとり上げる。[2]

もとより、本書のはしがきで葛野教授がすでに書いたように、司法へ

1　王雲海『日本の刑罰は重いか軽いか』（集英社新書、2008 年）81 頁以下を参照。
2　近年の日本では、中国における人民陪審員制度を体系的で全面的に研究した日本語の著書として次のようなものがある。孔暁キン『中国人民陪審員制度研究——その歴史、現状と課題』（日本評論社、2016 年）である。

の市民参加制度としては「陪審制」と「参審制」との２つのものがある。前者は、主にイギリス、アメリカなどの英米法系の国々で実施されているもので、選ばれた市民は法廷の傍らで座り、事実認定(有罪・無罪の判断)だけを行い、量刑にはかかわりをもたない(但し、アメリカのいくつかの州では、死刑事件の場合、事実認定を行った陪審団とは別に構成されたもう１つの陪審団が死刑を適用するか否かを判断するというやり方もある)。これに対して、後者は、主にフランス、ドイツなどの大陸法系の国々で実施されているもので、選ばれた市民はプロの裁判官と一緒に法廷の前に座り、事実認定から刑の決定(量刑)までプロの裁判官と一緒に行う。中国では、司法への市民参加制度に関して、かつて大陸法系のそれを「参審」、英米法系のそれを「陪審」と別々に呼び、区別する時期があったものの、中華人民共和国が成立してからは一貫して、両者を合わせて「陪審」と呼んでいる。しかし、その意味するところがむしろ大陸法系の「参審」である場合が殆どである。後に述べるように、2018年から実施されている現行の人民陪審員法では、「参審制」のほかに本来の意味での「陪審制」も導入されて、両制度が並行するようになってはいるが、用語としては依然「陪審」だけが使用されている。

2. 中国と司法への市民参加

　近代から今日までの中国では、事実上、司法への市民参加に関する２つの流れがあった。

　１つは、欧米西洋法の輸入・移植の一環として一時期的に試行したものである。清の末に行われていた「変法」のなかでは、欧米西洋法での「陪審制」や「参審制」も、移植すべき法制度の一環としていくつかの法律草案のなかで取り入れられ、「陪審制」、「参審制」といった概念が中国

でも初めて知られ、議論されるようになった。後の民国政府は、法制度として正式に「陪審制」と「参審制」の両方を導入し、特に1920年代から1940年代までは、共産党員に対する政治裁判のなかで反共

人民陪審法廷

産勢力を動員するための手段として大いに利用していたが、通常の裁判制度として普通の事件の裁判で適用するものとしては確立し、広がることがなかった。

　これに対して、もう1つは、ソビエト法から示唆を得て、中国共産党の革命のなかで試行し、中華人民共和国の成立により、新しい「人民政権」・「革命政権」の重要な特徴として広範囲に導入、実施されてきた、いわゆる「人民陪審員制度」である。中国では、このような意味での人民陪審はその歴史が実は長く、約80年もある。周知のように、いまの中華人民共和国は、中国共産党が長い間人民を指導して革命を通じて作った新しい政権である。その公式イデオロギーからすると、「人民政権」・「労働者大衆政権」であることこそが、旧政権との根本的な違いで、「中華人民共和国」の本質である。新しい政権・中華人民共和国・中国共産党の一党支配はその正当性が何よりまず「人民政権」・「労働者大衆政権」であることに由来している。そのために、国家統治のすべてが「大衆路線」に従うべきである。司法も同じで、「人民司法」・「大衆司法」を展開し、人民の手を通じて、人民の直接参加で行われるべきである。その主な手段の1つが「人民陪審員制度」である。実際上、中華人民共

3　孔暁キン・前掲注2書39頁。

和国が成立する前の、中国共産党が指導していた多くの革命根拠地においては、「人民陪審員制度」は革命への民衆動員・民衆参加の方策として、そして、革命政権と敵対政権との違い、革命政権の人民性・大衆性を示すためのものとして、すでに、実施、宣伝されていた。中華人民共和国建国後、「人民陪審員制度」が全国範囲で大規模に実施されるようになったのも、革命根拠地での導入、実施と同じ理由によるもので、共産党の新しい政権が「大衆路線」を貫く「人民政権」・「労働者政権」であることをアピールする狙いが強かった。

　しかし、このように政治原理から構築され、政治使命を期待される「人民陪審員制度」は、その導入・実施以来一貫して重要視され、何も変化していないというわけではなく、実際上、中国共産党と政権のそれぞれの時代の基本理念・基本イデオロギーの変化に左右されて、これまで、紆余曲折の道を辿ってきたのである。

3.「人民陪審員制度」の確立と発展
（1949 年〜 1970 年代末）

　中華人民共和国が正式に成立したのは 1949 年 10 月 1 日である。その直前に、毛沢東は「人民民主専政を論ずる」という文章を発表して、新中国はプロレタリアなどの労働者階級の人民政権でなければならないことを主張し、建国後の政権の基本方針を示した。それを受けて、建国直後に旧司法人員の追放と人民司法の建設が行われ、そのなかですでに革命根拠地で実施された人民陪審員制度が受け継がれ、全国範囲で展開されるようになった。特に、新しい革命政権に抵抗した反革命分子などを裁くために設置された「人民法廷」では必ず人民陪審員を選んで、裁判に参加させていた。1954 年になると、中華人民共和国のはじめての憲法が制定された。そのなかでは、人民陪審員制度の実施が憲法上の原

則として定められた。憲法は、その前文では中華人民共和国は人民民主専政の国であること、第2条では「中華人民共和国のあらゆる権力が人民に属する」こと、第17条では「あらゆる国家機関は人民大衆を拠り所とし、常に人民大衆と密接な関係を保ち、大衆の意見を聞き、大衆の監督を受ける」こと、特に第75条では「人民法院は事件を審理するにあたって法に基づいて人民陪審員制度を実施する」ことを定めていた。憲法の規定を受けて、憲法公布直後に制定された「中華人民共和国人民法院組織法」は、およそ次のように「人民陪審員制度」を規定して、全国範囲で全面的に実施するようにした。

第1に、人民陪審員制度の適用事件に関して、簡易な民事事件と軽微な刑事事件を除くすべての民事事件、刑事事件が含まれる[4]。これにより、人民陪審員の参審による裁判が基本で、裁判官だけによる裁判は例外である、という原則が確立された。

第2に、人民陪審員になるための資格や手続きとして、選挙権と被選挙権を持ち、政治権利を剥奪されていない満23歳以上の中華人民共和国の公民は、人民陪審員になる資格があり、関係機関の選挙または任命により人民陪審員になる。人民陪審員の選挙や任命にあたって地域や民族、性別を考慮して、少数民族や女性の人民陪審員は一定の割合を占めるものとし、人民陪審員の広範性と代表性を確保する。人民陪審員は2年間の任期で、再任が可能である。1年間に人民陪審員としての職務を果たすのは、原則として10日以内とする[5]。

第3に、人民陪審員の権限に関しては、人民陪審員が参加する事件のすべてにおいて公判廷の一員となり、裁判官と全く同等な権限を有し、

---

4 当時は行政訴訟・行政事件がまだない時代であったので、簡易な民事事件と軽微な刑事事件を除けば、人民陪審員制度は人民法院が審理するすべての事件への適用が事実上必要であった。

5 孔暁キン・前掲注2書61頁を参照。

対等的に事件の事実認定、量刑などの法廷活動に参加し、議決にあたって同等な投票権を有する。

　1954年の憲法や法律をもって確立、実施された以上のような人民陪審員制度は、中華人民共和国における司法・裁判への民衆参加の基礎をなし、「文化大革命」（1966年〜1976年）の開始まで、大いに発展していた。途中、状況に応じて多くの改革も行われた。例えば、人民陪審員の任期を2年から5年まで延長したり、任期当初まず一定期間の法律訓練を受けたりするようにした。「文化大革命」になると、司法機関も司法手続きも破壊され、「裁判」と言えるような司法活動はほとんどなかった。それにともない、従来の意味での人民陪審員制度も事実上実施されなくなった。しかし、その理念自体は、批判されることがなく、そのまま受け継がれていた。

4.「人民陪審員制度」の後退・縮小
（1980年初期〜2004年ごろ）

　人民陪審員制度に対しては、その導入当初から賛否両論があった。特に無数の冤罪をもたらし、たくさんの政治迫害を引き起こした「文化大革命」は、まさに「革命的人民・革命的大衆」を動員して、「人民」・「大衆」の名で展開されていた長期的政治運動であって、法律を完全に無視した「人民裁判」、「革命大衆法廷」がその主な形であった。「文化大革命」終結直後の1980年代初期に、かつて「文化大革命」の被害者であった多くの共産党と政府の指導者は、共産党や政府の重要なポストに戻った。また、「文化大革命」中被害を受けた多くの法学研究者も研究に戻った。彼らは、自らの被害経験から「人民による裁判」や「司法への民衆参加」に対して強い反感と警戒感を抱いていた。そのために、共産党と政府の内部では人民陪審員制度をめぐり、その是非について激しい論争が行わ

れた。

　賛成派は、従来のように、次のような理由をいう。つまり、中国は労働者階級の人民政権であるから、司法も「大衆路線」に基づいて人民民衆の参加により実施すべきである。人民陪審員制度は共産党と政権の性質・正当性に関わるもので、司法の民主化、そして司法への人民の監督を保障するものである。

　これに対して、反対派は主に以下の理由をあげて人民陪審員制度の縮小ないし廃止を主張する。つまり、①人民陪審員になって裁判に参加することは、建前上人民大衆の権利の一つとして定めているが、実際上、人民大衆自体はこの権利を積極的に行使しようとはせず、勤め先などからの協力も少ないことなどから、「人民陪審員確保難」の問題が長期にわたって存在し、人民陪審員が見つからないことで裁判ができないことがよくある。②上述した問題を解決するための方策として、数年の任期で任命されて、数か月の法律訓練を受けたあとで裁判に臨む人民陪審員制度が実施されているが、このような場合は、人民陪審員は「プロ陪審員」となっており、もはや「陪審」とは言えないのではないか。③多くの人民陪審員は法律知識を全く持たず、裁判に参加しても、法制の完備・法の確実な実施には寄与しない。「社会主義法制国家」を作るためには、その担い手はやはり法律の専門知識を有する法律専門家しかいない、等々である。

　このような論争のなかで、人民陪審員制度の消極派が優位に立った。その結果、1979年の刑事訴訟法や人民法院組織法などの法律は、一応1954年憲法などで確立された人民陪審員制度の規定を踏襲したものの、実務上はその適用がかなり縮小された。そして、1982年の憲法は、「人民陪審員制度の実施」という従来の規定を削除した。1983年の人民法院組織法も「人民陪審員制度の実施が裁判の原則である」という従来

の規定を削除し、実施するか否かを人民法院の裁量と選択に委ねた。[6]
1989年の行政訴訟法も1991年の民事訴訟法も人民陪審員制度の実施を原則から例外に変えて、人民法院の裁量と選択に任せるようにした。また、1996年の刑事訴訟法は刑事裁判での人民陪審員陪審を次の三つの類型の事件だけに限定した。①専門性の高い事件（医療事故事件、交通事故事件など）。②判断困難・複雑事件。③社会的に重大なまたは重要な事件である。

5.「人民陪審員制度」の復活・再構築
（2005年〜2017年）

2000年前後の中国では、司法関係者による収賄などの、いわゆる「司法腐敗」が深刻化し、司法・裁判に対する民衆の不満が大きくなった。また、いくつかの全国的に有名な事件の裁判結果に対して、民衆・社会からSNSなどを通じて多くの不満・反発が示された。このような情勢に直面した中国の指導部は、対策として、人民陪審制度の復活と再構築を考え出した。偶然にもその直前の2001年6月に、日本では、司法制度改革審議会が最終答申書を出した。それはすぐ中国語に訳されて中国の法律新聞に載せられた。日本での司法改革の柱の1つが裁判員制度の導入であることは、すぐに中国の関係者の間で知られるようになった。人民陪審制度の賛成派の一部は「資本主義の日本でさえ民衆参加で司法を進めるようになるのに、社会主義の中国が人民陪審制度を実施しない理由はどこにもない」といった論調を展開していた。こうして、2004

6　2021年3月28日に一橋大学法学研究科、中国人民大学刑事法律科学研究センター、中国刑事訴訟法研究会が共同でオンランによる「日中刑事訴訟法国際シンポジウム——公判中心主義をめぐって」を開催した。そこで、中国刑事訴訟法学会副会長の孫長永氏は「中国における刑事事件の参審制改革」という研究報告をした。ここでのまとめの一部が孫教授の報告を参考にしている。

年8月に全国人民代表大会常務委員会は「人民陪審員制度を改善し、完備化させるための決定」を採択した。この決定の冒頭規定及び最高人民法院の説明によると、人民陪審員制度は、「司法民主を促進し、司法公正を保障し、司法廉潔建設を強化する」にあたって大きな役割を果たすことができるので、改善し、完備化させるものとされた。但し、この決定のなかでは、建前として人民陪審員制度の強化を言い、人民陪審員の権限、資格、研修などを定めたものの、実際上は、適用対象事件を依然として、①社会的影響の大きい刑事、民事、行政事件、および、②刑事事件の被告人、民事事件の原告または被告、行政事件の原告または被告が人民陪審員の参加で審理するように請求した事件、という2つの類型だけに限定していた。

　2013年11月に行われた中国共産党第18期中央委員会第3回全体会議と2014年10月同第4回全体議は、それぞれの決議文のなかで人民陪審員制度の抜本的改善、拡大、強化を目標として求めた。それを受けて、全国人民代表大会常務委員会は2015年4月に「一部の地域での人民陪審員制度改革の実験的実施についての決定」を採択し、北京市などを改革実験区に指定して、人民陪審員の選定条件、選定手続き、参加する事件の範囲、権限、職務遂行のための財政的補償などをめぐって、従来の法規定と実務上のやり方を大きく変えて、その実験的実施を行った。特に、事実認定と量刑の両方に参加する「参審制」のほかに、事実認定だけに参加する「陪審制」も導入された。2017年12月になると、それまでの実験的実施の経験と教訓を踏まえて、また、同年に行われた中国共産党第19期全国大会で示された「人民が国家の主人公である制度体系を健全化し、社会主義の民主政治を発展させる」という指示を受けて、最高人民法院を中心に「中華人民共和国人民陪審員法」（以下「陪審員法」と略称）を起草し、全国人民代表大会常務委員会に提出した。同法

案は 2018 年 4 月に正式に採択され、直ちに実施された。今日の中国での人民陪審員制度の実施はこの法律に基づくものである。

6.「人民陪審員制度」の現状

　陪審員法の実施により、中国での人民陪審制度の現状は、以下のようになっている。

(1)　人民陪審員制度の基本理念と基本原則

　陪審員法の起草を指揮、担当した最高人民法院院長の周強氏が全国人民代表大会で行われた同法の起草についての説明によると、陪審員法の制定・人民陪審員制度の実施が「司法領域での人民民主を拡大し、司法裁判に対する人民大衆の知る権利、参加権、監督権を保障することに資する。社会主義の核心価値観と法治精神を広げ、全国民の遵法意識を促進し、法による国家管理の雰囲気を作ることに資する。人民法院と人民大衆との間で意思疎通の橋を架け、専門裁判官と人民陪審員がそれぞれの長所でもって互いに補い合い、専門的判断と大衆の公正意識とを有機に統一し、人民大衆があらゆる司法事件において公正を感じ取れるようになることに資する」という[7]。

　また、周氏は、同時に、人民陪審制度・人民陪審員法の基本原則として、「人民大衆が司法に参加する民主権利を十分に保障すること」、「人民陪審員の選任には広範性と代表性を堅持すること」、「審理への人民陪審員参加の役割を十分に発揮すること」をあげていた[8]。

7　最高人民法院院長周強氏が 2017 年 12 月 22 日に全国人民大会常務員会で行われた同草案についての説明に基づく対《中华人民共和国人民陪审员法（草案）》的说明 _ 中国人大网（npc.gov.cn））。

8　周強・前掲注 7 説明。

実際、陪審員法は、その第1条で、その目的が「公民が法に基づいて裁判活動に参加することを保障し、司法の公正を促進し、司法への公共信頼を高めること」と定めている。

(2) 「参審制」と「陪審制」の同時併存

　陪審員法が定めている「人民陪審」には、実は、法廷の構成により2つの類型がある。裁判官1人と人民陪審員2名で、または、裁判官2名と人民陪審員1名で構成する、いわゆる「3人小法廷」の場合には、人民陪審員は、事実認定と法律適用との両方に参加し、独立して意見を表明し、裁判官と同等な評決権を行使する。これに対して、裁判官3名と人民陪審員4人で構成する、いわゆる「7人大法廷」の場合は、人民陪審員は、事実認定だけに参加し、裁判官とともに評決する。ただし、法律適用に関しては、意見を表明することができるものの、評決権を行使することはできない。言い換えれば、「3人小法廷」の場合は「参審制」、「7人大法廷」の場合は「陪審制」が実施されるのである。なお、いずれの場合にも評決は、多数決によることが原則である。

(3) 「参審制」の対象事件

　法律は裁判官1人での独任法廷または裁判官だけで構成する法廷で審理することを定める場合を除いて、以下のような事情のある第一審の刑事事件、民事事件、行政事件の場合は、「3人小法廷」で審理し、人民陪審員が「参審」の形で裁判に参加する。つまり、①大衆の利益・公共利益に係る事件。②人民大衆が広く注目する事件またその他の社会的重大な影響のある事件。③事件自体が複雑であるまたはその他の事情があって、人民陪審員が裁判に参加する必要がある事件である。

⑷ 「陪審制」の対象事件

　以下のような第一審の事件の場合は、「7人大法廷」で審理し、人民陪審員が「陪審」の形で裁判に参加する。すなわち、①10年以上有期懲役刑、無期懲役刑、死刑が言い渡される可能性があって、社会的影響が重大な事件。②民事訴訟法または行政訴訟法に基づいて提起された公益訴訟事件。③土地徴用・立ち退き、生態環境保護、食品・薬品安全にかかわる、社会的影響の重大な事件。④そのほかに社会的影響の重大な事件である。

　また、第一審の刑事事件の被告人、民事事件の原告または被告、行政事件の原告または被告は人民陪審員の参加による裁判を請求した場合、人民法院は人民陪審員と裁判官から構成する法廷で裁判を行うことを決定できる。「参審制」か「陪審制」かについては、上述した対象事件の分類に従う。

⑸　人民陪審員の資格

　人民陪審員に選任されるための資格については、法律の規定と実際上の運用がよく変わっているが、今の裁判員法によると、次の5つのことがその要件または資格とされている。①中華人民共和国憲法を擁護すること。②満28歳以上であること。③規律を遵守し、法を守り、品格が良好であり、公正正直であること。④正常に職務を履行できる身体条件を備えること。⑤一般的には高校卒以上の教育文化レベルを有することである。但し、人民代表大会常務委員会の構成員、司法、監察などの公務員、弁護士などは人民陪審員になることができない。さらに、刑事処罰を受けたことがある人や公職から罷免されたことのある人などは、人民陪審員になることを認められない。

⑹ 人民陪審員の選任、任期、研修、解任

　人民陪審の選任には機械による無作為抽選の場合と自己申請または組織推薦の場合とがある。前者の場合には、司法行政機関[9]は、まず、基層人民法院(日本の地方裁判所に相当)、警察機関と協力して、管轄内の常時住民から機械を使って無作為的に任命予定の人民陪審員人数の5倍の候補者を選び出して、資格を審査し、本人の意向を確認する。

　次に、資格審査に合格し、本人が人民陪審になることに同意した候補者から必要な人数の人民陪審員を同級の人民代表大会に任命してもらう。後者の場合には、個人が人民陪審員になることを申請し、または所属する機関・組織が推薦し、司法行政機関が資格を審査する。合格したときには、基層人民法院が同級の人民代表大会常務委員会に任命してもらう。但し、自己申請または機関・組織の推薦による人民陪審員の人数は全体の5分の1を超えてはならない。

　人民陪審員の任期は1期5年で、原則として再任しない。1人の人民陪審員が1年間審理に参加する件数は原則として30件を超えてはならない[10]。また、基層人民法院と司法行政機関は人民陪審員に対して計画的に法律知識などの研修・訓練を行わなければならない。人民陪審員は要求されるとおりにこのような研修・訓練に参加しなければならない。

　人民陪審員は裁判職務を履行し、裁判の秘密を守り、司法儀礼を重んじ、司法イメージを維持する義務を負う。自ら正当な理由で辞任を要求したとき、正当な理由なく裁判に参加しなかったとき、関係の法律など

9　司法に係る行政的行為・事項（例えば、監獄などでの行刑、仮釈放などの受刑者の社会内処遇〔「社区矯正」〕、弁護士組織、公証人組織などの管理など）を担当する政府機関の一つである。中央には「中華人民共和国司法部」、各地地方には「司法庁」という機関が設けられてある。

10　最高人民法院が2019年4月24日に公表した通達（司法解釈）による「最高人民法院关于适用《中华人民共和国人民陪审员法》若干问题的解释。最高人民法院关于适用《中华人民共和国人民陪审员法》若干问题的解释 - 北京法院网（chinacourt.gov.cn）」。

に違反したときには解任される。

7. 結びにかえって——論争と課題

　以上見てきたように、中華人民共和国の「人民陪審員制度」は、最初から、法律理念・裁判理念に基づく純粋な法律制度・司法制度としてよりも、むしろ政治理念に由来する一種の政治制度として構想、導入、実施されたものである。もちろん、共産党革命からすでに100年近くが、建国から70年以上が経っているいま、「人民陪審員制度」の理念、内容、運用がかなり変化しており、政治的制度から法律的制度へと転換する機運が高まっている。しかし、「人民政権」・「労働者大衆政権」であることから司法も「大衆路線」に従って人民の手を通じて「人民参加」で行うという、共産党政権・一党支配の正当性につながっている根本原理は、いまだにその基礎にあって、変わっていない。このことの故かもしれないが、中国での陪審制度に関する議論は、多くの場合、依然として政治原理のレベルにとどまっており、「人民政権の中国は司法民主化それとも法治化を優先すべきか」、「法治主義の下では法律専門家が司法の主体となるべきか、それとも民衆がなるべきか」、「人民陪審員制度は本当に必要か、そのメリットがどこにあるのか」、「陪審として裁判に参加することは人民の権利なのかそれとも義務なのか」といった、外在的問題に集中しており、なかなか法律・裁判・訴訟の本来の目的、構造、機能、技術といった、法律的で内在的視点からの議論には到達できず、深められないのである。従って、中国にとっては、いかにして日本などの国外の司法への市民参加の経験と教訓を取り入れて、「人民陪審員制度」を政治的色彩の強いものから純粋な法律的・司法的・専門的なものへと変革させ、再構築していくかということが、今後の最も重要な課題かもし

れない。幸いにして、一部の中国の刑事法学者はすでにこのような問題意識を持ちはじめ、「公判中心主義の貫徹」、「公判審判の実質化」といった司法・訴訟の専門的視点から「人民陪審員制度」を研究するようになっている[11]。今後は、日本の「裁判員制度」と中国の「人民陪審員制度」とをめぐって日中両国が互いに一層の交流しながら共に成長させていくことが望まれるところである。

（オウ・ウンカイ）

11　孫長永・前掲注6研究報告。

裁判員裁判に関する主要文献リスト

【関係機関資料】

〈最高裁判所事務総局〉
- ・2012 年　　裁判員裁判実施状況の検証報告書
- ・2019 年　　裁判員制度 10 年の総括報告書

〈最高裁判所〉
- ・2020 年　　小冊子「裁判員制度ナビゲーション（改訂版）」
- ・2020 年　　選任手続パンフレット「裁判員制度——より多くの方に、参加していただくために」（2020年10月改訂版）
- ・2020 年　　冊子「よくわかる！裁判員制度Q＆A」

〈法務省〉
- ・2013 年　　「裁判員制度に関する検討会」取りまとめ報告書
- ・2020 年　　「裁判員制度の施行状況等に関する検討会」取りまとめ報告書

〈日本弁護士連合会〉
- ・2009 年　　パンフレット「えん罪をなくすために——裁判員の皆さまへ Part2」
- ・2011 年　　パンフレット「あなたが支える裁判員制度」（第 2 版）
- ・2018 年　　パンフレット「裁判員の皆さまへ——知ってほしい刑罰のこと」

【単行本】

〈1981 年〉
- ・野村二郎『裁判と市民感覚——司法記者の眼』（有斐閣）

〈1997 年〉
- ・甲斐克則＝紺谷浩司『国民の司法参加と司法改革』（成文堂）

〈1999 年〉
- ・大出良知＝村和男＝水野邦夫『裁判を変えよう——市民がつくる司法改革』（日本評論社）

〈2000 年〉
- 陪審制度を復活する会『陪審制の復興——市民による刑事裁判』（信山社出版）

〈2001 年〉
- 斎藤哲『市民裁判官の研究』（信山社出版）

〈2002 年〉
- 五十嵐二葉『刑事司法改革はじめの一歩——裁判員制度導入のための具体的モデル』（現代人文社）

〈2003 年〉
- 九州大学法学部刑事訴訟法ゼミナール編 = 大出良知監修『裁判員（あなた）が有罪、無罪を決める——実践ガイド模擬裁判員裁判：裁判員裁判の実験と成果』（現代人文社）
- 新倉修編『裁判員制度がやってくる』（現代人文社）
- 棚瀬孝雄『訴訟動員と司法参加——市民の法主体性と司法の正統性』（岩波書店）
- 東京弁護士会法友会『徹底討論・裁判員制度——市民参加のあるべき姿を展望して』（現代人文社）

〈2004 年〉
- 四宮啓 = 工藤美香他『もしも裁判員に選ばれたら——裁判員ハンドブック』（花伝社）
- 堀部政男 = 新倉修 = 石井光 = 保倉和彦 = 酒井安行『刑事司法への市民参加〔高窪貞人教授古稀祝賀記念論文集〕』（現代人文社）
- 丸田隆『裁判員制度（平凡社新書）』（平凡社）
- 鯰越溢弘『裁判員制度と国民の司法参加』（現代人文社）
- 日本弁護士連合会『裁判員制度と取調べの可視化』（明石書店）
- 後藤昭 = 四宮啓 = 西村健 = 工藤美香『実務家のための裁判員法入門』（現代人文社）
- 日本弁護士連合会取調べの可視化実現ワーキンググループ『取調べの可視化（録画・録音）で変えよう、刑事司法！——裁判員（市民）にとって分かりやすい裁判を実現するために（GENJINブックレット42）』（現代人文社）

〈2005 年〉
- 辻裕教『裁判員法 / 刑事訴訟法——司法制度改革概説』（商事法務）

- 土屋美明『市民の司法は実現したか──司法改革の全体像』（花伝社）
- 日弁連司法改革実現本部編『司法改革──市民のための司法をめざして』（日本評論社）

〈2006 年〉

- 河津博史 = 鍛治伸明他『ガイドブック裁判員制度』（法学書院）
- 小池振一郎 = 青木和子『なぜ、いま代用監獄か──えん罪から裁判員制度まで(岩波ブックレット)』（岩波書店）
- 伊藤和子『誤判を生まない裁判員制度への課題』（現代人文社）
- 前田雅英 = 古江頼隆『裁判員のためのよく分かる法律用語解説』（立花書房）
- 高山俊吉『裁判員制度はいらない』（講談社）
- 伊佐千尋『裁判員制度は刑事裁判を変えるか──陪審制度を求める理由』（現代人文社）
- 藤田政博編『司法への市民参加の可能性──日本の陪審制度・裁判員制度の実証的研究』（有斐閣）
- 日本弁護士連合会ニューヨーク州調査報告団『市民が活きる裁判員制度に向けて──ニューヨーク州刑事裁判実務から学ぶ』（現代人文社）
- 本林徹 = 石塚章夫 = 大出良知編『市民の司法をめざして〔宮本康昭先生古稀記念論文集〕』（日本評論社）

〈2007 年〉

- 石松竹雄 = 土屋公献 = 伊佐千尋編『えん罪を生む裁判員制度』（現代人文社）
- 生田暉雄『裁判が日本を変える』（日本評論社）
- 西野喜一『裁判員制度の正体(講談社現代新書)』（講談社）
- 五十嵐二葉『説示なしでは裁判員制度は成功しない』（現代人文社）
- 清田一民『被告人との対話 精神鑑定──裁判員制度導入と医療観察法』（熊本出版文化会館・創流出版）

〈2008 年〉

- 内田博文 = 佐々木光明編『〈市民〉と刑事法〔第 2 版〕わたしとあなたのための生きた刑事法入門』（日本評論社）
- コリン・P. A. ジョーンズ『アメリカ人弁護士が見た裁判員制度(平凡社新書)』（平凡社）
- 読売新聞社会部裁判員制度取材班『これ一冊で裁判員制度がわかる』（中央公

論新社)

- 井上薫『つぶせ! 裁判員制度(新潮新書)』(新潮社)
- 日本弁護士連合会裁判員制度実施本部・法廷用語の日常語化に関するプロジェクトチーム編『やさしく読み解く――裁判員のための法廷用語ハンドブック』(三省堂)
- 裁判員制度研究会編『よくわかる裁判員 Q&A』(法学書院)
- 木村晋介『激論! 「裁判員」問題(朝日新書)』(朝日新聞出版)
- 村井敏邦『裁判員のための刑事法ガイド』(法律文化社)
- 船山泰範＝平野節子『裁判員のための刑法入門』(ミネルヴァ書房)
- 後藤昭監修＝日本弁護士連合会裁判員制度実施本部・法廷用語の日常語化に関するプロジェクトチーム編『裁判員時代の法廷用語』(三省堂)
- 日本弁護士連合会＝後藤昭『裁判員時代の法廷用語――法廷用語の日常語化に関するＰＴ最終報告書』(三省堂)
- 土屋美明『裁判員制度が始まる――その期待と懸念』(花伝社)
- 外井浩志『裁判員制度と企業の対応 Q&A』(経営書院)
- 司法研修所編『裁判員制度の下における大型否認事件の審理の在り方』(法曹会)
- 小田中聰樹『裁判員制度を批判する』(花伝社)
- 東京弁護士会法友会編『司法改革の現状と課題・2008(平成20)年度――法の支配の充実を目指して』(現代人文社)
- 山口昌子＝四宮啓『制度即解! 裁判員になってもあわてない本』(平凡社)
- 竹田昌弘『知る、考える裁判員制度(岩波ブックレット)』(岩波書店)

〈2009 年〉
- 片山善博＝国谷裕子＝四宮啓『ここだけは聞いておきたい裁判員裁判――31 の疑問に答える』(日本評論社)
- 伊藤真『なりたくない人のための裁判員入門(幻冬舎新書)』(幻冬舎)
- 伊東乾『ニッポンの岐路裁判員制度――脳から考える「感情と刑事裁判」(新書)』(洋泉社)
- 村下博＝岩村等他『刑事弁護士が語る裁判員裁判――ナニワの法廷から』(大阪経済法科大学院出版部)
- 田中克人『裁判員に選ばれたら(講談社文庫)』(講談社)

- 前田雅英『裁判員のための刑事法入門』（東京大学出版会）
- 橋爪大三郎『裁判員の教科書』（ミネルヴァ書房）
- 現代人文社編集部編『裁判員をたのしもう！』（現代人文社）
- 後藤貞人＝四宮啓＝高野隆＝早野貴文編『裁判員裁判──刑事弁護マニュアル』（第一法規）
- 大澤裕他編『裁判員裁判における第一審の判決書及び控訴審の在り方』（司法研修所）
- 日本弁護士連合会編『裁判員裁判における弁護活動──その思想と戦略』（日本評論社）
- 法律のひろば編集部編『裁判員裁判の実務』（ぎょうせい）
- 東京弁護士会弁護士研修センター運営委員会『裁判員裁判──そのポイントと対応（弁護士専門研修講座）』（ぎょうせい）
- 共同通信社社会部『裁判員司法』（日本評論社）
- 裁判員制度と企業対応研究会編『裁判員制度と企業対応──万全ですか？あなたの会社の社内整備』（第一法規）
- 土屋美明『裁判員制度と国民──国民的基盤は確立できるか（裁判員制度が始まる）』（花伝社）
- 梓澤和幸＝田島泰彦『裁判員制度と知る権利』（現代書館）
- 土屋美明『裁判員制度と報道──公正な裁判と報道の自由』（花伝社）
- 岡田悦典＝仲真紀子他『裁判員制度と法心理学』（ぎょうせい）
- 柳瀬昇『裁判員制度の立法学──討議民主主義理論に基づく国民の司法参加の意義の再構』（日本評論社）
- 石松竹雄＝伊佐千尋『裁判員必携─批判と対応の視点から（ちくま新書）』（筑摩書房）
- 裁判員裁判実務研究会『実践！Q&A 裁判員裁判（東弁協叢書）』（ぎょうせい）
- 東京弁護士会刑事弁護委員会編『実践刑事弁護──裁判員裁判編』（現代人文社）
- 司法研修所『難解な法律概念と裁判員裁判』（法曹会）
- 村井敏邦＝後藤貞人『被告人の事情／弁護人の主張──裁判員になるあなたへ』（法律文化社）

〈2010 年〉
- 現代人文社『裁判員になる前に知っておきたい刑事裁判の裏側──弁護人が

語る刑事司法の現実』(現代人文社)
・日本司法精神医学会『だれでもわかる精神医学用語集──裁判員制度のために』(民事法研究会)
・田門浩＝千葉聴覚障害者センター『ろう者・中途失聴者・難聴者が裁判員になったら──市民義務遂行への情報保障』(千葉聴覚障害者センター)
・今井輝幸『韓国の国民参与裁判制度──裁判員裁判に与える示唆』(イウス出版)
・伊藤和子＝寺中誠『裁判員と死刑制度──日本の刑事司法を考える(シリーズ時代を考える)』(新泉社)
・渡辺修＝水野真木子＝中村幸子『実践・司法通訳〔裁判員裁判編〕』(現代人文社)
・東京弁護士会弁護士研修センター運営委員会『弁護士専門研修講座・裁判員裁判 II──個別類型的見地からみた実務』(ぎょうせい)

〈2011 年〉
・大蔵昌枝『アメリカの陪審制度と日本の裁判員制度──陪審制の発展と意義』(エディックス)
・原田國男『裁判員裁判と量刑法』(成文堂)
・陪審制度を復活する会『司法の犯罪(冤罪)は防げるか──裁判員制度を検証する』(奈良新聞社)
・福井厚編『死刑と向きあう裁判員のために』(現代人文社)
・小坂井敏晶『人が人を裁くということ(岩波新書)』(岩波書店)
・後藤昭『東アジアにおける市民の刑事司法参加』(国際書院)
・井門正美著＝三浦広久監修『役割体験学習論に基づく法教育──裁判員裁判を体感する授業』(現代人文社)

〈2012 年〉
・小早川義則『裁判員裁判と死刑判決(増補版)』(成文堂)
・司法研修所『裁判員裁判における量刑評議の在り方について』(法曹会)
・杉田宗久『裁判員裁判の理論と実践』(成文堂)
・日本弁護士連合会裁判員本部『裁判員裁判の量刑(GENJIN刑事弁護シリーズ14)』(現代人文社)
・門野博『裁判員裁判への架け橋──刑事裁判ノート』(判例タイムズ社)
・高田知二『市民のための精神鑑定入門──裁判員裁判のために(サイコ・クリティーク)』(批評社)

〈2013 年〉
- 津田守編『15 言語の裁判員裁判用語と解説 第 1 巻』（現代人文社）
- 津田守編『15 言語の裁判員裁判用語と解説 第 2 巻』（現代人文社）
- 津田守編『15 言語の裁判員裁判用語と解説 第 3 巻』（現代人文社）
- 小幡清剛『コモンズとしての裁判員裁判——法・裁判・判決の言語哲学』（萌書房）
- 青木孝之『刑事司法改革と裁判員制度』（日本評論社）
- 田口真義編著『裁判員のあたまの中——14 人のはじめて物語』（現代人文社）
- 杉田宗久『裁判員裁判の理論と実践〔補訂版〕』（成文堂）
- 日本法社会学会『裁判員制度の法社会学』（有斐閣）
- 織田信夫『裁判員制度廃止論——国民への強制性を問う』（花伝社）
- 三谷太一郎『増補・政治制度としての陪審制——近代日本の司法権と政治』（東京大学出版会）

〈2014 年〉
- 山田道郎編『いま裁判員裁判を考える——社会科学研究所第 31 回社会科学研究所公開講演会』（明治大学社会科学研究所）
- 平良木登規男『国民の司法参加と刑事法学』（慶應義塾大学出版会）
- 板山昂『裁判員裁判における量刑判断に関する心理学的研究——量刑の決定者と評価者の視点からの総合的考察』（風間書房）
- 武内謙治編著『少年事件の裁判員裁判』（現代人文社）

〈2015 年〉
- 西野喜一『さらば、裁判員制度——司法の混乱がもたらした悲劇』（ミネルヴァ書房）
- 猪野亨『マスコミが伝えない裁判員制度の真相』（花伝社）
- 三島聡編『裁判員裁判の評議デザイン』（日本評論社）
- 林弘正『裁判員裁判の臨床的研究』（成文堂）
- 安廣文夫『裁判員裁判時代の刑事裁判』（成文堂）
- 松村良之＝木下麻奈子＝太田勝造編著『日本人から見た裁判員制度』（勁草書房）

〈2016 年〉
- 萩原金美『検証・司法制度改革(2裁判員裁判・関連して死刑存廃論を中心に)』（中央大学出版部）

- 五十嵐二葉『こう直さなければ裁判員裁判は空洞になる』(現代人文社)
- 池田修＝合田悦三他『解説・裁判員法――立法の経緯と課題〔第3版〕』(弘文堂)
- 椎橋隆幸『裁判員裁判に関する日独比較法の検討(日本比較法研究所研究叢書108)』(中央大学出版部)
- 水野かほる＝津田守他『裁判員裁判時代の法廷通訳人』(大阪大学出版会)
- 織田信夫『裁判員制度はなぜ続く――その違憲性と不合理性』(花伝社)
- ジョン・ガスティル＝ペリー・ディース『市民の司法参加と民主主義』(日本評論社)

〈2017年〉
- 濱田邦夫＝小池振一郎＝牧野茂編『裁判員裁判のいま――市民参加の裁判員制度7年経過の検証』(成文堂)
- 渡辺修＝水野真木子＝林智樹『聴覚障害者と裁判員裁判――DVD教材で学ぶ法廷手話』(松柏社)

〈2018年〉
- 土山希美枝『裁判員時代の法リテラシー――法情報・法教育の理論と実践(龍谷大学社会科学研究所叢書)』(日本評論社)
- 斎藤文男『ポピュリズムと司法の役割――裁判員制度にみる司法の変質』(花伝・共栄書房)
- 松澤伸＝高橋則夫＝橋爪隆＝稗田雅洋＝松原英世『裁判員裁判と刑法』(成文堂)
- 朝日新聞社『裁判員制度、見えてきた課題「何が正しいのか、わからなくなった」(朝日新聞デジタルSELECT)』(朝日新聞社)

〈2019年〉
- 飯考行＝裁判員ラウンジ編著『あなたも明日は裁判員!?』(日本評論社)
- 日本弁護士連合会・日弁連刑事弁護センター＝日本司法精神医学会・精神鑑定と裁判員制度に関する委員会『ケース研究――責任能力が問題となった裁判員裁判(GENJIN刑事弁護シリーズ)』(現代人文社)
- 日本弁護士連合会刑事調査室編著『起訴前・公判前整理・裁判員裁判の弁護実務』(成文堂)
- 伊東裕司『裁判員の判断の心理―心理学実験から迫る(慶應義塾大学三田哲学会叢書ars incognita)』(慶應義塾大学出版会)
- 司法研修所『裁判員裁判と裁判官――裁判員との実質的な協働の実現をめざ

して』（法曹会）

- 司法研修所『裁判員裁判において公判準備に困難を来した事件に関する実証的研究』（法曹会）

〈2020 年〉

- 牧野茂＝大城聡＝飯考行編『裁判員制度の 10 年 市民参加の意義と展望』（日本評論社）
- 織田信夫『裁判員制度は本当に必要ですか？──司法の「国民」参加がもたらしたもの』（花伝社）

〈2021 年〉

- 川崎英明＝後藤昭＝白取祐司『刑事司法改革の現段階』（成文堂）
- 後藤昭編集代表『裁判員時代の刑事証拠法』（日本評論社）

【雑誌】（特集に限る）

〈1966 年〉

- 特集　陪審・参審制度（自由と正義17(5) p.1～38）

〈1973 年〉

- 特集　司法への国民参加（判例タイムズ24(16) p.58～81）

〈1979 年〉

- 特集　国民の司法参加（自由と正義30(10) p.1～72）

〈1984 年〉

- 特集　陪審（自由と正義35(13) p.3～73）

〈1992 年〉

- 特集　陪審制をめぐる歴史・理念の検討（法律時報64(5) p.22～52）

〈1994 年〉

- 特集　陪審（刑法雑誌33(4) p.712～772）
- 特集　シミュレーション陪審裁判（法学セミナー475 p.18～48）

〈1997 年〉

- 特集　市民の司法参加（自由と正義48(4) p.92～121）

〈1998 年〉

- 特集　陪審裁判を考える（英米法学37 p.17～32）

〈1999 年〉

- ・特集　陪審・参審・職業裁判官(刑法雑誌39(1) p.14〜63)
- ・特集　陪審制度導入論──高窪貞人先生、四宮啓先生、木下毅先生に聞く(英米法学38 p.39〜83)

〈2000 年〉
- ・特集 1　陪審制・参審制(自由と正義51(2) p.14〜63)
- ・特集　陪審制導入の課題(月刊司法改革1(5)(通号5) p.19〜60)
- ・特集　刑事陪審裁判のビジョン(季刊刑事弁護23 p.27〜79)

〈2001 年〉
- ・特集　刑事裁判への国民の参加(現代刑事法:その理論と実務3(7)(通号27) p.7〜22)
- ・特集　裁判員制度導入の諸問題(現代刑事法:その理論と実務3(12)(通号32) p.4〜61)
- ・特集　実現可能な国民の司法参加システム──陪審か参審か?(月刊司法改革2(4)(通号16) p.11〜36)
- ・特集　司法参加の到達点と残された課題──「裁判員制度」は何を目指すのか(月刊司法改革2(8)(通号 20) p.26〜41)
- ・特集　2010 年、日本の司法はこう変わる──国民の司法参加(月刊司法改革2(12)(通号24) p.36〜42)

〈2002 年〉
- ・特集　裁判員制度はどうあるべきか──刑事司法の再生のために(法と民主主義367 p.2〜31)
- ・特集　国民の司法参加(自由と正義53(1)(通号634) p.30〜61)
- ・特集 2　模擬裁判が変わる!──裁判員時代の新しい役割とは?(法学セミナー47(10)(通号574) p.47〜72)

〈2003 年〉
- ・特集 2　学生が考えた若い人のための裁判員制度特集(法学セミナー48(6)(通号582) p.38〜53)
- ・特集　あなたが人を裁く日がやってくる──裁判員制度導入の衝撃(中央公論118(12)(通号1435) p.112〜142)

〈2004 年〉
- ・司法の窓・裁判員制度特集号(司法の窓特集号 p.1〜17)

- ・特集 1　裁判員制度(自由と正義55(2)(通号660) p.14〜44)
- ・特集　裁判員制度の導入(ジュリスト1268 p.6〜171)
- ・特集　裁判員制度のゆくえ(現代刑事法:その理論と実務6(5)(通号61) p.5〜75)
- ・特集 2　裁判員制度と取材・報道(月刊民放34(7)(通号397) p.24〜31)
- ・特集　刑事裁判における裁判員制度の導入(法律のひろば57(9) p.4〜55)
- ・特別企画　裁判員制度法案を検討する(法学セミナー49(4)(通号592) p.58〜69)
- ・特集　裁判員制度導入に伴う手続の構想〔日本刑法学会第八一回大会共同研究分科会 2〕(刑法雑誌43(3) p.421〜462)
- ・特集　司法・行政への市民参加(世界週報85(22)(通号4150) p.24〜35)

〈2005 年〉

- ・裁判員制度特集(法の苑44 p.1〜23)
- ・特集　裁判員制度と社会教育(社会教育60(11)(通号713) p.6〜32)
- ・小特集　裁判員制度を考える(法と民主主義399 p.27〜39)
- ・特集　裁判員制度の総合的研究──裁判、民主主義、人権(法律時報77(4)(通号955) p.4〜56)
- ・特集 2　刑事司法改革──裁判員制度実施に向けて(自由と正義56(3)(通号673) p.51〜91)
- ・連続特集　裁判員制度と刑事弁護 (1) 公判前整理手続・連日的開廷が始まる!(季刊刑事弁護41 p.11〜89)
- ・連続特集　裁判員制度と刑事弁護 (2) 選任手続はどうなるのか?(季刊刑事弁護42 p.23〜85)
- ・連続特集　裁判員制度と刑事弁護 (3) 公判手続はどうなるのか?(季刊刑事弁護43 p.15〜65)
- ・連続特集　裁判員制度と刑事弁護 (4) 量刑はどうなるのか?(季刊刑事弁護44 p.15〜62)

〈2006 年〉

- ・特集　裁判員制度をめぐって(季刊現代警察32(4)(通号114) p.4〜41)
- ・特集　裁判員制度が変える司法(三田評論1088 p.10〜29)
- ・特集　裁判員制度導入に向けて(法律のひろば59(10) p.4〜56)
- ・特集　裁判員制度制度設計の現段階(法学セミナー51(11)(通号623) p.8〜36)

- ・特集　模擬裁判員裁判を検証する(季刊刑事弁護45 p.33〜102)
- ・特集　わかりやすい裁判——裁判員時代の刑事法廷のあり方を考える(季刊刑事弁護46 p.25〜87)
- ・特集　裁判員制度：制度の成立過程と法学的・心理学的検討課題——法と心理学会第5回大会シンポジウム(法と心理5(1)(通号5) p.1〜25)

〈2007年〉
- ・特集　裁判員制度(司法の窓70 p.2〜13)
- ・特集　裁判員制度(司法の窓71 p.8〜13)
- ・特集　実体化する裁判員制度(法律のひろば60(12) p.4〜57)
- ・特集　裁判員制度と警察捜査(Keisatsu koron62(8) p.20〜37)
- ・特集　2009年スタート裁判員制度——企業はどう対応するか(労政時報3712 p.54〜87)
- ・小特集　裁判員制度における評議——裁判官と裁判員のコミュニケーション(法律時報79(1)(通号978) p.107〜136)
- ・特集　裁判員裁判の課題(刑法雑誌47(1) p.101〜164)
- ・特集　模擬裁判員裁判を検証する(Part 2)伝聞証拠をどう取り扱うか(季刊刑事弁護49 p.31〜80)
- ・連続特集　裁判員裁判をどう闘うか(1)弁論技術(その1)冒頭陳述を中心に(季刊刑事弁護51 p.23〜85)
- ・連続特集　裁判員裁判をどう闘うか(2)裁判員制度のもとでの評議(季刊刑事弁護52p .15〜77)

〈2008年〉
- ・特集　裁判員制度(司法の窓73 p.2〜15)
- ・特集　裁判員制度—死刑を下すのは誰か(現代思想36(13) p.27〜245)
- ・特集　裁判員制度と人権(部落解放591 p.12〜61)
- ・特集　障害者と裁判員制度の課題(ノーマライゼーション：障害者の福祉28(12)(通号329) p.9〜37)
- ・特集　裁判員制度をめぐる諸問題(刑事法ジャーナル13 p.2〜14)
- ・特集　裁判員制度と取材・報道(月刊民放38(12)(通号450) p.4〜25)
- ・特集　裁判員制度と犯罪報道(AIR21:media & journalism reports215 p.2〜35)
- ・特集　裁判員制度と視覚障害(視覚障害:その研究と情報243 p.1〜19)

- ・特集　裁判員裁判の実施に向けて――準備状況の現段階と残された課題（法律時報81(1)（通号1004) p.4〜68)
- ・特集　裁判員裁判と裁判官の意識――裁判官をどうやったら変えられるか（季刊刑事弁護59 p.13〜73)
- ・特集　刑事裁判はどう変わるのか――検証・裁判員裁判第41回司法制度研究集会より（法と民主主義444 p.2〜48)
- ・特集　国民の司法参加と人権（じんけん：心と心、人と人をつなぐ情報誌336 p.11〜24)
- ・特集　心理学は裁判員裁判に何ができるか――法と心理学会第8回大会シンポジウム（法と心理8(1)（通号8) p.1〜49)
- ・特集　市民の司法参加ってなんだろう（まなぶ620 p.9〜39)

〈2010 年〉
- ・特集　裁判員制度（司法の窓75 p.10〜17)
- ・特集　裁判員制度実施1年の今（じんけん：心と心、人と人をつなぐ情報誌349 p.4〜7)
- ・特集　裁判員制度の意義と課題（人権と部落問題62(13)（通号808) p.6〜40)
- ・特集　刑事司法のゆくえ――裁判員制度開始1年（部落解放621 p.12〜51)
- ・特集　裁判員制度一年――司法は変わったか（世界806 p.113〜195)
- ・特集　裁判員制度1年――司法は変えられるか（まなぶ634 p.9〜40)
- ・特集　日本応用心理学会主催公開シンポジウム目撃証言・供述は信用できるか――裁判員制度と応用心理学（応用心理学研究36(1) p.26〜55)
- ・特集　裁判員裁判制度（犯罪学雑誌76(6) p.168〜181)
- ・特集　裁判員時代における死刑問題（法律時報82(7)（通号1023) p.4〜57)
- ・特集　裁判員裁判の達成度と課題（自由と正義61(10)（通号741) p.37〜59)
- ・特集　裁判員裁判1年の課題と展望（刑事法ジャーナル24 p.2〜21)
- ・特集　裁判員裁判の弁護活動を検証する（季刊刑事弁護62 p.13〜81)
- ・特集　裁判員裁判――本格始動とこれから（法律のひろば63(1) p.4〜43)
- ・特集　日本と韓国における市民の司法参加と法心理学（法と心理9(1)（通号9) p.2〜28)

〈2011 年〉
- ・特集　裁判員制度と精神鑑定（精神医学53(10)（通号634) p.937〜996)

- 小特集　裁判員裁判と未必の故意(法律時報83(1)（通号1030）p.80〜103)
- 特集　裁判員裁判と控訴審のあり方(季刊刑事弁護68 p.14〜72)
- 特集　裁判員裁判と量刑(刑法雑誌51(1) p.1〜58)
- 特集　裁判員裁判の情状弁護と量刑(季刊刑事弁護66 p.21〜81)
- 特集　裁判員裁判における否認事件と弁護(季刊刑事弁護67 p.13〜74)
- サブ特集　裁判員裁判における感情的コミュニケーションの影響(法と心理10(1)（通号10）p.41〜60)

〈2012 年〉
- 特集　裁判員制度3年の軌跡と展望(論究ジュリスト2 p.4〜104)
- 特集　裁判員制度施行から3年(都市問題103(5) p.4〜27)
- 特集　裁判員裁判と国民参与裁判(刑事法ジャーナル32 p.4〜127)

〈2013 年〉
- 特集　裁判員制度の法社会学——施行後3年を経過した裁判員法の再検討(法社会学79 p.1-151)

〈2014 年〉
- 特集　裁判員制度施行5年を迎えて(法律のひろば67(4) p.4〜47)

〈2015 年〉
- 刑事法学の動き——特集・裁判員裁判における量刑と弁護活動：季刊刑事弁護80号(2014年)15頁以下(法律時報87(5)＝1085 p.128-131)

〈2019 年〉
- 特集　裁判員制度10年(三田評論1237 p.10〜43)
- 特集　裁判員制度10周年(法の支配194 p.2〜165)
- 特集　裁判員制度10年(刑事法ジャーナル61 p.50〜73)
- 特集　裁判員制度10周年(司法の窓84 p.2〜165)
- 特集　裁判員制度の未来(法学セミナー64(10)（通号777）p.12〜43)
- 特集　裁判員制度施行10年を迎えて(法律のひろば72(7) p.4〜46)
- 特集　司法制度改革20年・裁判員制度10年——裁判員制度と刑事司法改革(論究ジュリスト31 p.10〜145)

（福部美黎・一橋大学法学研究科特任助教）

編者・執筆者プロフィール（執筆順）

＊印は、編集代表者

葛野尋之（くずの・ひろゆき）＊

一橋大学法学研究科教授。博士（法学）。1961年、福井県生まれ。1990年、一橋大学大学院法学研究科博士後期課程単位取得退学。主な著作に、『少年司法の再構築』（日本評論社、2003年）、『刑事手続と刑事拘禁』（現代人文社、2007年）、『少年司法における参加と修復』（日本評論社、2009年）、『未決拘禁法と人権』（現代人文社、2012年）、『刑事司法改革と刑事弁護』（現代人文社、2016年）などがある。

緑 大輔（みどり・だいすけ）

一橋大学法学研究科教授。博士（法学）。1976年、京都府生まれ。2004年、一橋大学大学院法学研究科博士後期課程修了。主な著作に、『刑事訴訟法入門〔第2版〕』（日本評論社、2017年）、『基本刑事訴訟法Ⅰ・手続理解編』（共著、日本評論社、2020年）、『基本刑事訴訟法Ⅱ・論点理解編』（共著、日本評論社、2021年）、『判例学習刑事訴訟法〔第3版〕』（分担執筆、法律文化社、2021年）、『裁判員時代の刑事証拠法』（共編著、日本評論社、2021年）などがある。

青木孝之（あおき・たかゆき）

一橋大学法学研究科教授。博士（法学）。1961年、大阪府生まれ。1985年、京都大学卒業。1994年、第46期司法修習修了。福岡地方裁判所、名古屋家庭裁判所、東京地方裁判所等に判事補として勤務。2004年、任期満了退官し、琉球大学法文学部教授。2014年より現職。2009年度から2021年度まで弁護士登録（東京弁護士会）。主な著作に、『刑事司法改革と裁判員制度』（日本評論社、2013年）、『刑事事実認定の基本問題〔第2版〕』（共著、成文堂、2010年）、『シリーズ刑事司法を考える　第5巻　裁判所は何を判断するか』（共著、岩波書店、2017年）などがある。

本庄武 (ほんじょう・たけし)

一橋大学法学研究科教授。博士（法学）。1972 年、福岡県生まれ。2001 年、一橋大学大学院法学研究科博士後期課程修了。主な著作に、『少年に対する刑事処分』（現代人文社、2014 年）、『裁判員裁判の評議デザイン』（共著、日本評論社、2015 年）、『刑罰制度改革の前に考えておくべきこと』（共編著、日本評論社、2017 年）、『刑事政策学』（共著、日本評論社、2019 年)、『検証・自動車運転死傷行為等処罰法』（共編著、日本評論社、2020 年）などがある。

贄田健二郎 (にえだ・けんじろう)

弁護士（東京弁護士会。立川フォートレス法律事務所所属）、一橋大学法科大学院非常勤講師。1983 年、埼玉県生まれ。2005 年、一橋大学卒業。2007 年、一橋大学法科大学院卒業。2008 年、新第 61 期司法修習修了。主な著作に、「証拠の同一性立証の現状と課題—証拠の保管過程を中心に」『裁判員時代の刑事証拠法』（日本評論社、2021 年)、『刑事弁護ビギナーズ ver.2.1』（共著、現代人文社、2019 年)、『刑事弁護人のための科学的証拠入門』（共著、現代人文社、2018 年）、「証拠の評価、推認過程の不合理性を指摘して逆転無罪にした事例」季刊刑事弁護 87 号（2016 年）などがある。

王 雲海 (おう・うんかい)

一橋大学法学研究科教授、博士（法学）。1960 年中国生まれ。1991 年、一橋大学大学院法学研究科博士後期課程修了。主な著作に、『死刑の比較研究—中国、米国、日本』（成文堂、2005 年）、『「権力社会」中国と「文化社会」日本』（集英社新書、2006 年）、『日本の刑罰は重いか軽いか』（集英社新書、2008 年）、『監獄行刑的法理』（中国人民大学出版社、2010 年）、『賄賂はなぜ中国で死罪なのか』（国際書院、2013 年）、The Death Penalty in China: Policy, Practice, and Reform, (co-author, Columbia University Press, 2016) などがある。

裁判員裁判の現在——その10年の成果と課題

2021年11月20日　第1版第1刷発行

編　　集	一橋大学刑事法部門
編集代表	葛野尋之
発 行 人	成澤壽信
発 行 所	株式会社現代人文社

　　　　〒160-0004　東京都新宿区四谷2-10　八ツ橋ビル7階
　　　　Tel: 03-5379-0307　Fax: 03-5379-5388
　　　　E-mail: henshu@genjin.jp（編集）　hanbai@genjin.jp（販売）
　　　　Web: www.genjin.jp

発 売 所	株式会社大学図書
印 刷 所	株式会社ミツワ
装　　幀	加藤英一郎

検印省略　Printed in Japan
ISBN978-4-87798-788-6　C2032
ⓒ　2021 一橋大学刑事法部門